最短で
目標を達成する!

PDCAノート

岡村拓朗

フォレスト出版

ＰＤＣＡが回らない…
自分の立てた目標が達成できない…
夢なんてかなわないと思っている…
年収をアップしたい…
残業のない状態にしたい…
読書や英語の勉強などを習慣にしたい…
ダメな自分を変えたい…

そんなふうに考えたことは
ありませんか？

ズボラでも、
三日坊主でも、
モチベーションが低くても、
行動力、やりきるがなくても
「最短で夢や目標を達成する方法」があります。

それが1冊のノートと
PDCAという
フレームを使う方法です。

ＰＤＣＡは一流の人が必ず使っている
究極のフレームワーク。
そして、ノートを使うことで、誰でも簡単に
ＰＤＣＡが回る仕組みをつくれます。

フレームとは型。つまり仕組み化のこと。
だから再現性があり、多くの人が使っています。

本書で紹介する7つのフレームメソッドで
ＰＤＣＡを回していけば、誰でも簡単に
どんな目標でも達成できるようになります。

あなたの夢や目標を達成するために
用意するものは、実はこれだけ。

ペン　　定規　　方眼ノート

1冊のノートで、PDCAは回る

これが「夢をかなえる7フレームメソッド」目標達成のためのPDCAノート

ステップ1:目標設定

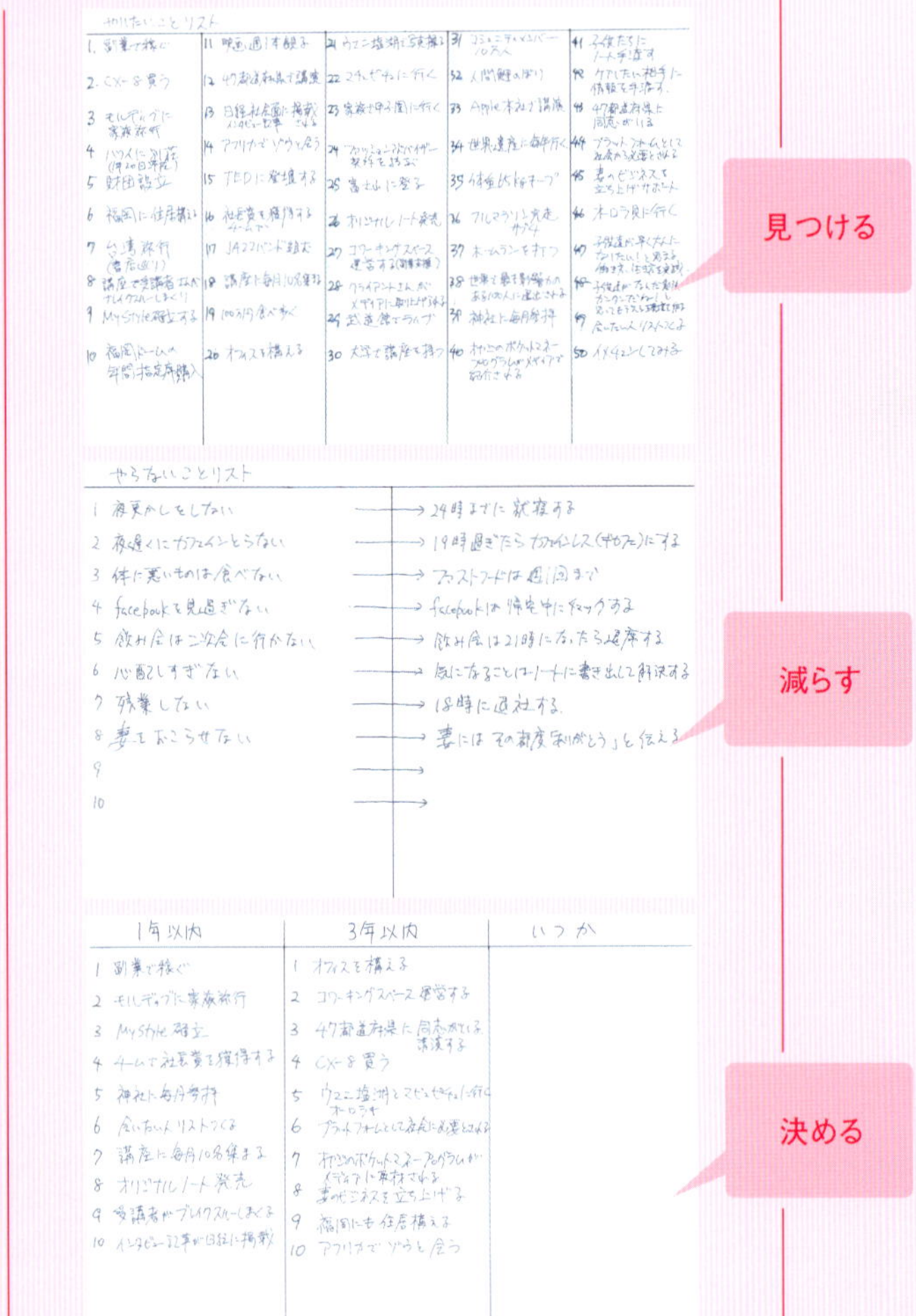

ステップ2:計画・ステップ

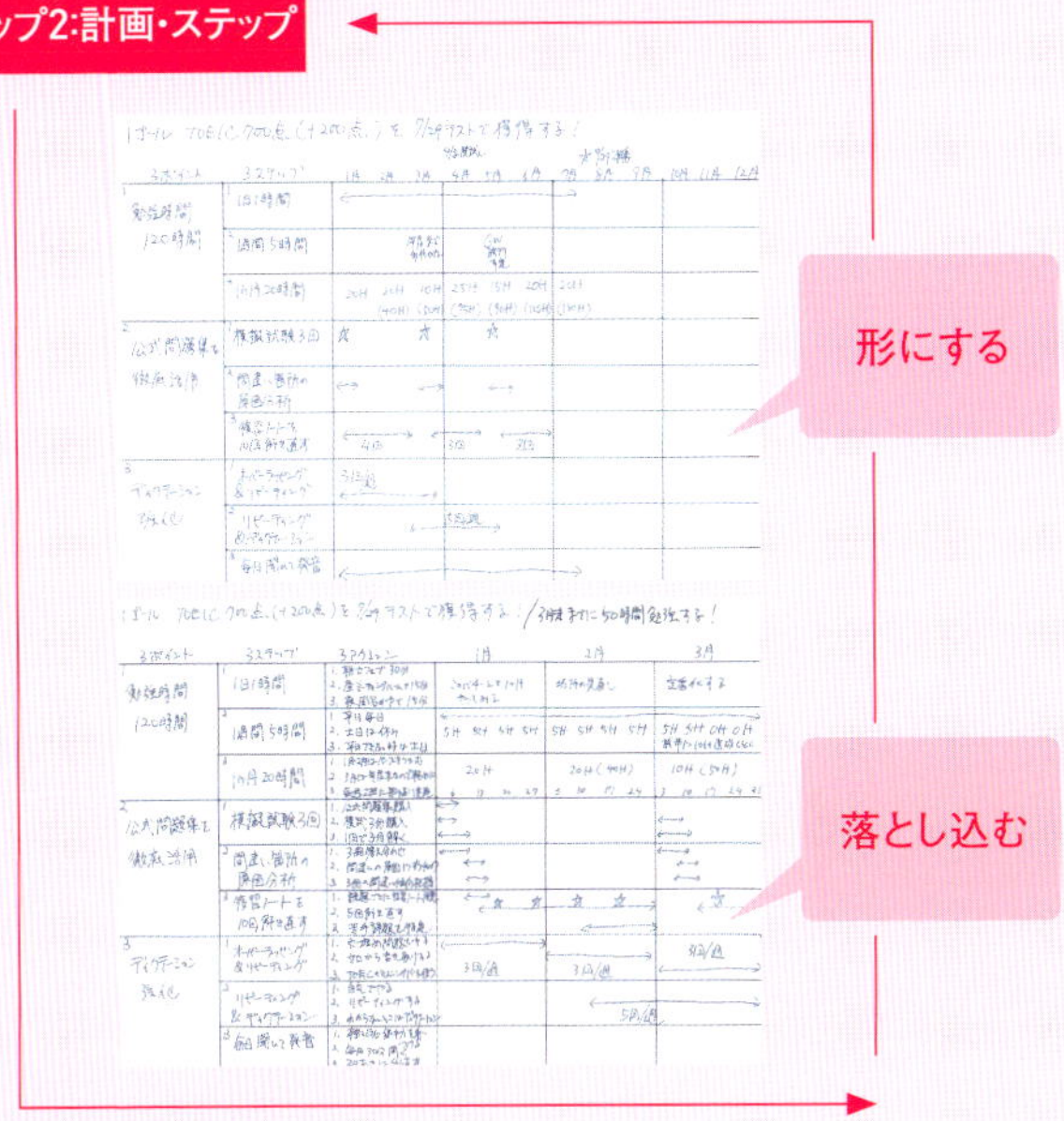

ステップ3:実行・振り返り

「見る、動く」　2018.1.XX(水)

ー朝イチのウォーキングは気分もイイね！ ——	続けよう！
B氏へ担当引き継ぎ ○○案件が不安なのでフォロー必要 ――	→ B氏と事前 全体確認のミーティングを持つ
ごはんの代わりに豆腐なのがうれしいけど、もの足りない… サラダをつけると丁度いい感じ	
ー天気がいいと歩きもいいね。	
OK！ この調…う！	

C　A

1ゴール「2,000kcalで過ごす、チャンスがあれば…

	P	D
5		5:30起床
6	ウォーキング(30分) −130kcal / シャワー	ウォーキング(30分) −130kcal
7	朝食 600kcal	ごはん1杯 240 / なっとう 93 / 厚揚げ2コ 134 / みそ汁 70 / サラダ 100 / 639kcal (残1491)
8	move	
9	A社企画書作成(60分)	A社企画書(40分)
10		
11	X社○○氏来社(60分)	X社○○氏 / オフィス8Fまで階段
12	昼食 400kcal	すき屋牛丼ライト 315 / サラダ 100 / 415 (残1076)
1	move	
2	A社訪問 ヒアリング(60分)	A社訪問 ××氏(40分)
3	おやつ 0kcal / move	おやつなし / 2駅ウォーキング30分(−130kcal)
4	B社訪問(60分)	B社 ○○氏(85分)
5	日報・直帰	
6	move	日報・直帰 / move
7	夕食 1000kcal / ○○会@新橋	○○会@新橋 / ビール中ジョッキ×2杯 400
8		えだ豆 135 / サラダ 150
9		刺身 150 / セザーサラダ 272 / 1107 (残99kcal)
10	move	
11	就寝	1,901kal
12		

P

D

2018.1.XX(水)

C	A
昨夜24時寝たことで二度寝して30分遅れで起床 →	やはり23時に就寝するために、シャワーは22時までにする。
↓ カフェ入りが25分遅れたことで60分の予定に対し、20分マイナス	
○○案件が残っているのでとりこぼしがあるのはこわい →	Bさんと来週全体確認へミーティング持つ
××カフェは人が少なく穴場! →	ランチは××カフェで
可能性OK、進めよう →	来週アポとる。
その場でノート書いて、提案したら次回のコンペに入れてもらえることに! →	B社企画書の作成(60分)
B社訪問が押したのでリスニングできず後ろの予定はキケン! →	重要なことほど朝へ 朝カフェの時間を増やす(+15分)

1ゴール「英語の勉強60分」

P

5 起床
グルーミング
6 move
7 English @○○カフェ
8 move
9 A社企画書作成（60分）
10
X社○○氏来社（60分）
11
12 ランチ・カフェにてEnglish 30分
1 move
2 A社訪問ヒアリング（60分）
3 move
4 B社訪問（60分）
5 日報・直帰
6 リスニング
7 ○○会 @新橋
8
9 move
10
11 就寝
12

D

起床
move
7:25–8:05 English @○○カフェ（40分）
8:50–9:30 A社企画書（40
X社AA引継ぎ BA
English（20分） ☆☆カフェ
A社訪問XX（40分）
B社訪問○○氏（85分）
日報

い、採用してもらう」　　2018.1.XX(水)

たまたまB社の記事見つけてラッキー →	午後からの訪問時のネタに使おう
いい感じではなかろうか 午後の訪問で感触チェックしよう	
氏へ担当引継 70案件が残っているのでどこにぼしこめん →	B氏と来週全体確認のミーティングを持つ
XXカフェは人が少くて話しやすい →	お気に入りリストに追加
企画書の方向性はOK! 今日のXX氏の声を入れて完成させる →	A社企画書の確定版を作成(30分) 来週のアポをとる。
その場でノート書いて提案したら 次回のコンペに入れてもらえることに! 今朝のニュースチェックが効いた! →	B社企画書の作成(60分)

C　　A

1ゴール「A社への提案で「いいね！それ！」と言っ

	P	D
5	起床 グルーミング	
6	move	起床
7	朝カフェ ニュースチェック	move カフェ ニュースチェッ
8	move	move
9	A社企画書作成（60分）	A社企画書作成（40分）
10	バッファー X社○○氏来社	経費精算 X社○○氏訪問
11		
12	ランチはY君と近況シェア会	ランチ@＊＊カフェ Y君
1	move	move
2	A社訪問 ××氏ヒアリング（60分）	A社訪問 ××氏ヒアリング（40分）
3	move	move 歩いてみた
4	B社訪問（60分）	B社 ○○氏（85分）
5	日報・直帰	
6	move	日報・直帰 move
7	○○会	○○会
8	@新橋	@新橋
9	move	move
10		
11	ー就寝	ー就寝
12		
	P	D

ノートに7つのフレームを書いていくだけで、
あなたはどんな目標でも達成できるようになります。
すべての夢は1冊のノートでかなっていきます。
今日から新しい自分に生まれ変わってください。

はじめに

なぜあなたの目標は達成されないのか?

あなたには、
達成したいと思っている「目標」はありますか?

「英語のスキルを身につけたい」
「会社のプロジェクト目標を達成したい」
「資格を取得したい」
「10キロのダイエットを成功させたい」

「仕事で結果を出して、年収を倍にしたい」

など、あるかもしれません。

目標達成に関するやり方や考え方は、たくさんの本や情報としてすでにあるはずです。

では、なぜ多くの人の目標は達成されないのか？

理由はカンタン。

それは、その多くが**「目標」ではなく、「ただの願望」だから**です。

「偉大な人々は目標を持ち、そうでない人々は願望を持つ」

これはフランスの生化学者であるルイ・パスツールの言葉です。

「こうなったらいいな」「できたらいいな」「成功したいな」「今年はこれを頑張る」という願望は、いつまで経ってもかなうことはありません。

願望ではなくしっかりとした目標を持つことからすべてが始まります。

目標があっても達成できない本当の理由

しかし当然、しっかりとした目標を立てても、それだけでは目標達成はできません。

あなたは年のはじめに初詣でで今年の目標を立てなかったでしょうか。

多くの人が今年の目標を立てているはずですが、一年後に達成できているかというと、ほとんどの人ができていないでしょう。

単純に「忘れていたから」という理由が多いかと思いますが、掘り下げてみると、忘れていたことが理由ではないのです。目標を達成できなかった理由は、

その目標を達成するためのルートが見えていないから

です。目標を立てたら、そのための行動をする必要があります。ですが「何を」「いつまでに」「どのように行うか」という目標を現実にするためのルート、つまり「計画」がないから、年初の目標はかなわないのです。

目標達成はよく山登りにたとえられます。

頂上がゴールだとすれば、頂上の場所がわかっていても、それだけで到達することは難しいでしょう。

頂上にたどりつくまでの道筋が頭に入っていて、その準備ができているのは当然、何度も地図を見直しながら、その道筋をしっかり進み続けてはじめて、ゴールにたどりつけるのです。

それと同じで、単純に夢や目標があっても、そこに行き着くルートが見えなければ、行動に移すことができない。できても、ゴールにたどり着く前に迷って諦めてしまうのです。

目標があっても、計画がなければ行動できません。もっといえば、目標や計画があっても、それを達成するための「仕組み」がないと、行動し続けることは難しいのです。

ではどうすればいいのか？

目標を達成するための最強の武器になるのが「1冊のノート」と「ＰＤＣＡ」とい

う考え方です。本書はＰＤＣＡというビジネスフレームワークを使って、願望を目標、そして現実に変えるための本です。

ノートで回せるＰＤＣＡで、目標は最短で達成できる

ＰＤＣＡについては改めて説明する必要もないでしょう。

「Ｐｌａｎ（計画）」→「Ｄｏ（実行・実績）」→「Ｃｈｅｃｋ（評価）」→「Ａｃｔｉｏｎ（改善策）」という4つのサイクルであらゆる問題を解決できるフレームワークです。

今では多くの一流企業やエリートビジネスパーソンが使っていると言われているものです。

ＰＤＣＡという考え方が多く支持されている一方で、多くの人が「ＰＤＣＡが大事なのはわかっているけれど、回せてない」という問題がありました。

それを解決するためのメソッドとして提案したのが前著『自分を劇的に成長させ

る！　ＰＤＣＡノート』です。

ＰＤＣＡの重要性や、ＰＤＣＡの考え方を説く本ではなく、誰でもカンタンにＰＤＣＡを回せる仕組みをメソッド化したものです。おかげさまで、２０１７年12月時点で9万部を超え、多くの方に読んでいただくこととなりました。

本書では、私のクライアントや私自身が実践して、最短の期間と、最小の労力で様々な夢や目標を達成してきた「ノートを使った目標達成ＰＤＣＡの仕組み化メソッド」を公開したいと思います。

年収アップ、残業ゼロ、ダイエットを達成したメソッド

私は外資系企業で働くサラリーマンでありながら、同時に、会社公認で「時短の仕組み化コンサルタント」としても活動しています。

ＰＤＣＡノートを使う前の私の状況は酷いものでした。

過労死ラインと呼ばれる月80時間を大幅に超えた１００時間以上、ある月には

140時間も残業している状況。また、会社からの評価も思うように伸びない、何をやってもうまくいかないダメダメなサラリーマン。

しかし、本書でご紹介するノートを使ったPDCAメソッドによって、正しい目標設定、目標達成の最短ルートの計画をつくり、PDCAを回していった結果――。

・残業ゼロの目標を立てる　↓　月100時間以上あった残業時間が40時間、20時間と削減され、ついに残業ゼロを達成（以後残業ゼロを継続中）
・健康的に痩せる目標を立てる　↓　2年間で13キロのダイエットを達成
・年収2倍という目標を立てる　↓　2・4倍を達成（会社の給与のみ）
・本当にやりたいことでも稼ぐという目標を立てる　↓　会社公認の副業をスタートさせハイブリッドワークとして活動、出版も実現

本書でご紹介する目標達成のためのPDCAノートメソッドによって、自分自身はもちろん、人生が大きく変わりました。ノートでPDCAを回し始めたことで、自分自身を変え、成長できたということです。

このメソッドで、目標達成できたのは私だけではありません。私のクライアントも様々な夢や目標を最短で達成してきている再現性の高いメソッドなのです。

PDCAなき目標達成は失敗する

PDCAノートは目標達成のために最適なツールです。

しかし、自己実現、自分の夢の実現、やりたいこと、達成したいことの実現に、これまで意外と使われてきませんでした。

そもそも目標達成とPDCAを結びつける人はあまり多くないのかもしれません。

しかし、断言できます。

PDCAのない目標達成はまず失敗する

闇雲《やみくも》に目標に向かって取り組んだとしても、ムダな労力や失敗を繰り返し、振り返りや改善策も明確にならないままでは、気づけば続けることにモチベーションが持てなくなったり、忘れてしまったり、諦めたりしてしまいます。

しかし、誰でも簡単にPDCAを回すノートを使った仕組みがあれば、あらゆる目標は必ず達成できるのです。

本書を読んでいただければ、目標達成だけでなく、

・正しい目標のつくり方がわかる
・自分の本当にやりたかった目標が見つかる
・計画やステップのつくり方がわかる
・PDCAの回し方がわかる
・自己成長のスピードが数倍に上がる
・思考とやるべき行動が整理され、仕事ができるようになる
・考える力、行動する力、やりきる力が高まる
・仕事のパフォーマンスが上がる
・問題解決力が高まる

など様々なメリットが得られるはずです。

本書があなたの夢や願望を、本当の目標に変え、行動を促し、あらゆる目標を達成していく一助になれば、著者としてこれほど嬉しいことはありません。

岡村拓朗

第3章

目標・計画・ステップをつくるPDCAノート

第4章

毎日の行動が変わる！デイリー目標達成PDCAノート

第5章

PDCAを加速させる目標達成のコツ11

ブックデザイン／小口翔平＋喜來詩織＋山之口正和（tobufune）
イラスト／林けいか
ＤＴＰ／野中賢（システムタンク）
プロデュース・編集協力／鹿野哲平

第1章

最短ルートで目標達成する「正しい努力」の回し方

最速で夢をかなえるために必要なこと

なぜ、あなたの目標は達成されないのか？

あなたは、

「自分の夢をかなえたい」
「立てた目標をガンガン達成できるようになりたい」
「最速で仕事の成果を出したい」
「最速で自分を変えたい」
「努力した分だけ確実に成長したい」

などと思うことはないでしょうか。

本書はそんな人のための1冊です。

起業して成功したい人、会社のプロジェクトを成功させたい人、与えられた売上目標を達成したい人、ダイエットや資格試験という目標を達成したい人、漫画家やイラストレーターになりたい人……など、大きい夢から目の前の目標まで、達成したいことは人それぞれでしょう。

しかし、ガンガン目標を達成できる人がいる一方で、いつも目標を達成できない人もいます。

自分がこうしたいと本気で願ったことなのに、なぜかモチベーションが上がらない、今日も先延ばしにしてしまった、時間がなかった……など、できない理由がありすぎて、結局動けないという人です。

ビジネス書には多く、目標達成や夢をかなえる、といった言葉が並んでいます。

しかし、これらで成功できた人は多くないはずです。

なぜなら、これらの巷《ちまた》にある本は2つに大別できるからです。

・一流の人、頑張れる人が、人一倍の努力でできた方法論
・再現性のあるメソッドではない

つまり、最初から一流の人であり、とにかく行動し続けられる強い精神力のある著者だからできたこと。そして、著者にしか再現できないメソッドになっていること。

つまり、これまで目標達成ができなかった人にはハードルが高いものなのです。

それでは、結果なんて出るはずがありません。

・行動したら、その行動した分だけ、結果がついてくる
・理論上、誰がやっても目標達成ができるメソッド
・先延ばしやズボラな人でも目標に向かってやり切れる仕組み
・メンタルやマインドの状況にかかわらず、前に進める

そんな夢のような、目標達成のためのメソッドがあります。

それが「目標達成のためのＰＤＣＡノート」です。

PDCAを回すのがうまい人、へたな人

PDCAとは、ビジネスの世界でよく使われるフレームワークです。

わかりやすく言えば、「思考や行動の型」のようなもの。

自己流で努力したり、何か物事を考えたり、進めたりするのでなく、ひとつのフォーマットとして使うことができる型です。

うまくいかない人ほど、自己流にこだわります。

あなたがもし、これまで全部自己流で何をやってもうまくいっていたという人であれば、フレームワークは必要ないでしょう。天性の勘と才能に従えば、いいかもしれません。

しかし、そうではなく、

「うまくいかないことが多かった」

「物事に取り組むも成果にばらつきが多い」

「いつも目標を達成できない」

「毎回やり方に悩んでいる」

などという人であれば、フレームワークを使うほうが効果的です。

なぜなら、フレームワークの多くは、超一流の人たちが研究と実践、実証の末に編み出した、再現性の高い思考と行動の型だからです。

一流の人ほど、オリジナルの秘密のメソッドを使っているように思うかもしれませんが、それは間違いで、むしろ逆。

徹底的にフレームワークを使ってきたのです。

そのほうが、効率もよく成果も出るからです。いちいち悩んだり、ゼロから考えたりする必要もありません。そして、再現性が高いというのは、誰が使っても一定の成果が得られやすい、ということ。

ＰＤＣＡもそんなフレームワークの1つです。

そして数あるフレームワークの中でも、シンプルで究極的なスキルだと言われています。だからこそビジネスシーンではよく、「ＰＤＣＡを回せ」と言われるのです。

ＰＤＣＡを回せている人は、仕事もプライベートもうまくいく、というのは前著でもお伝えしたとおりです。問題点や課題を見つけながら、どんどん改善していけば、ＰＤＣＡを回すごとに、基本的には状況はよくなる一方だからです。

しかし、ＰＤＣＡにも問題があります。

それは**「ゴールを見失う人が多い」**ということです。

目標といってもいいでしょう。ＰＤＣＡはどうしても目の前のことに意識が向いてしまいます。日々の行動や施策に対して、改善を続けるため、ゴールではなく足元ばかりを見るようになる人は少なくないのです。

つまり、**「ＰＤＣＡ」は目標達成の手段であるはずなのに、ＰＤＣＡを回すことが目的になってしまう**のです。

ＰＤＣＡを回す目的は、「ゴールを達成する」という1点であるべきです。

本書のメソッドを使えば、漫然《まんぜん》とＰＤＣＡを回している状態ではなく、ゴールに向かって最速・最短距離で進んでいくことができます。行動したら行動した分だけ、確実なリターンが得られるのです。

「魔法のような方法で夢をかなえたい」

「誰も知らなかったメソッドで、人生を変えたい」

という方は、別の本を探してみてください。

本書は、確実かつ着実に自分を少しずつ成長させ、最短距離で目標を達成するメソッドです。

自分を変えるこの方法は強力ですが、そこに魔法はありません。

シンプルで、誰でも簡単に実践できる再現性のある方法論になっています。

1冊のノートを書くだけで、すべて解決する

前著『自分を劇的に成長させる！ PDCAノート』の読者の皆さんからお寄せいただいたメッセージを分析してみると、目標達成に関する悩み事が、年代を問わずかなり多くの割合を占めていることに気がつきました。

「どうやって目標設定したらいいのかわからない」

「目標を立ててもうまくいかない、継続できない」

「計画どおりに進まない、計画倒れになってしまう」

「やろうと思っても行動できない」

「仕事でいっぱいいっぱいの生活をしていて目標を見失っている」

「普段の業務や雑務に追われて、目標を達成できない」

「プライベートの時間が仕事に侵食されていく」

「なかなか自分の成長を感じられない」

そして、さらには、

「毎日のPDCAは回せるようになったけど、どうやって積み重ねればいいのか？」

「毎週・毎月をどうやって振り返っていけばいいのか？」


など、「その先をもっと教えて欲しい」といった声も発売から時間が経つにつれて、たくさんいただくようになってきました。

最短で目標達成をするためのPDCAノートのやり方を身につけ、あなたが夢や目

目標達成でPDCAを使う人、使わない人

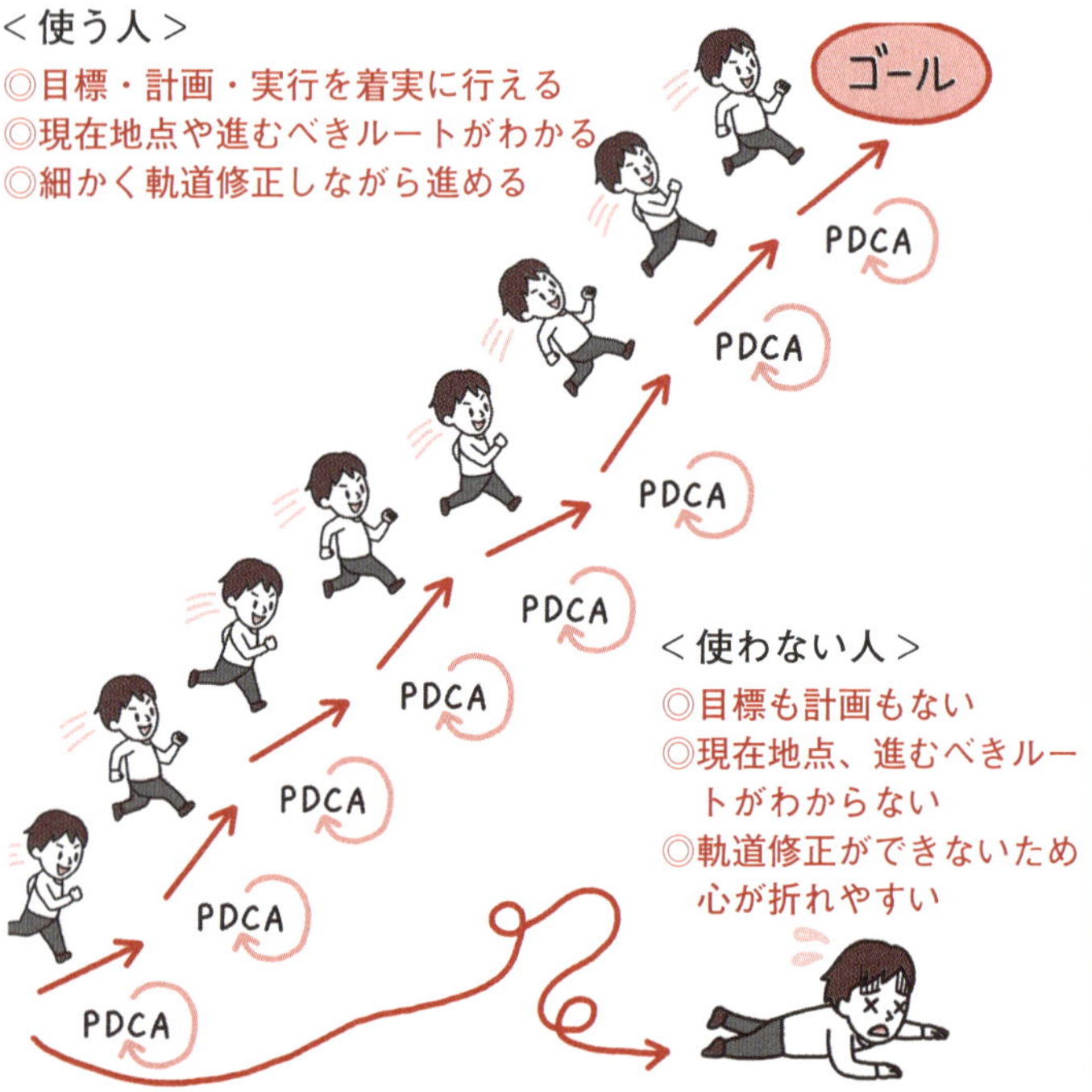

目標達成でPDCAを使うことが正しい努力の回し方

標をガンガン達成できるようにすることが本書の目的です。

あなたがPDCAを回して目標達成したいと思っていたものすべて、1冊のノートを毎日書くだけで解決します。

目標（ゴール）の設定には時間をかけたいところですが、日々のPDCAを回すために必要な時間は1日5分程度。かかったとしても、10分以内です。

ぜひトライしてみてください。

目標（ゴール）が見えていないと始まらない

そもそも、なぜ目標を設定するのか？

あなたは「目標設定したら達成しなきゃ」と、達成することがもっとも重要なことだと思っていないでしょうか。

もちろん、達成できないのは嫌だし、失敗は避けたいでしょう。だからこそ、心の中では実現したい夢や理想、目標があったとしても、無意識に「目標設定したくない」と思っていたり、「目標設定はしない」と決めていたりするかもしれません。

でも、それは間違いです。

私は、目標設定し、それが実現できるかは実は重要ではないと考えています。

もちろん夢をかなえたいから、目標を達成したいからこそ、目標を立てるものです。

では、どういうことか？

目標を設定する目的は、「今」のあなたの行動を変えるためにあると考えています。

目標を達成する——つまり、理想の未来を実現する——ために、「今」あなたがどう行動したらいいのかを浮き彫りにすることで、現実が動き出すのです。

これこそが目標を達成する以上に、重要なことなのです。

目的地を決めると、

「では次に何をするのか」

「どう行動するのか」

が決まります。

旅行でいえば、行き先次第で、どんな手段を使うかが決まるようなイメージです。

あなたが東京にいるとして、行き先が北海道なのか？　沖縄なのか？　はたまた大阪なのか？　それが決まれば、飛行機を使うのか、新幹線なのか自動車なのか、どんな手段を使えばいいのかが決まりますよね。

すると、その次にチケットを予約するのか、移動を開始するのかを考え始めるでしょう。

このように、**目標を決めることで、「今」何をするのかが変わる**のです。

その「今」に影響を与えることが目標設定の真の目的だといえます。

散歩のついでに富士山に登った人はいない

「散歩のついでに富士山に登った人はいない」という言葉があります。

これは、簡単に言えば、

「目標なく漫然と歩いていては、何事も達成できない」

という意味です。

なんとなく毎日を過ごしていて、「いつか」「何か」を達成できたらいいなあ、なんて考えていても、何も実現することはできません。

目的地がないから、何も変わらないのです。

あなたが、「どんな人生を送りたいのか」という目的地さえ明確になれば、あなたは何者にでもなることができます。

私も40歳を過ぎてこれからの人生を考えたときに、何者にもなれそうにない自分に焦ってばかりいました。

しかし、「自分が何者になるのか」が明確になってからは、「今」何をすべきなのかがハッキリと見えてきたのです。

「今」の行動を積み重ねた先にあるのが未来。つまり目標達成した、もしくは目標に近づいている状態です。

理想の未来をつくるのは「今」の行動しかありません。

ベストセラー『嫌われる勇気』（ダイヤモンド社）にも、

「人生は連続する刹那である」

という言葉があります。

語弊を承知で言えば、**「今が未来そのものだ」**ということです。

人は「いつか」や「そのうち」「明日」「今日」に生きているわけではありません。

人が生きることができるのは「今」この瞬間だけ。

つまり、今を変えることでしか、未来は変えられないのです。

そして、**今を変える第一歩が「夢・目標」という目的地をかかげること**なのです。

「今」に変化を起こせ！

あなたがそれでも「やっぱり達成しないとダメでしょ」「達成できない自分はダメだ」なんて思っているとしたら、そうではありません。

「人生で大切なことは何か？」

と問われたら、私は「変化し続けること」だと答えます。

かつて、米国IBMを再建したルイス・ガースナー氏がイギリスの生物学者チャールズ・ダーウィンの『種の起源』の一節として引用したと言われる言葉があります。

「もっとも強い者が生き残るのではなく、もっとも賢い者が生き延びるのでもない。唯一生き残るのは、変化できる者である」

実は『種の起源』にはこのような言葉はなかったというオチがあるようなのですが、「ビジネスの世界を実に見事に言い当てた警句《けいく》」ということで使われている言葉です。あなたも一度は耳にしたことがあるでしょう。

そもそも、私たちが生きている世界は、「エントロピー増大の法則」に従って、常に秩序から無秩序の方向に進むという物理学の理論があります。

たとえば、部屋はそのままにしておくとだんだん乱雑になり、勝手に整理されることはありえません。何もしないと離散的になり、劣化が進むというイメージです。

つまり、私たちそのものも常に劣化が進んでいるということです。肉体はまさにそうですし、思考やスキルもそうでしょう。何もしないということは、変化し続ける人がいる以上、相対的に劣化し続けているということになります。

だからこそ、理想の未来を手にしたいなら、今を変え続けることが大切なのです。

変化し続けるということが成長なのです。

成長とは、昨日よりも変化したことを実感することにほかなりません。

つまり、人生で大切なことは、何かを達成することそのものではなく、その理想の未来に向けて、日々成長し続けているかどうかなのです。

私自身、20代から30代にかけては、仕事は一生懸命やるけど、いつも目標が達成できないダメな自分にばかり意識が向き、自信がないという人生でしたが、

「いつでも今が過去最高！ Update myself everyday !」

という価値観を明確にしてからは、目標未達であってもそこから何を学び、気づき、どれだけ自分が成長したか、さらにはこれからどう成長に活かすことができるのか、ということに目を向けることができるようになりました。

その結果、今では自信があるとかないとかはそもそも関係ない状態で、毎日を過ごすことができるようになりました。

さあ、あなたの人生の目標を設定して、「今」を変えていくことで、成長し続ける

人生の第一歩としてください。

POINT

・目標を設定する目的は、目標を達成するためではなく、「今」あなたの行動を変えるため
・理想の未来を実現するには「今」何をするのか、その選択を変化させ続けること
・人生で大切なことは「変化し続けること」

目標を達成できない人が陥ってしまう間違いとは？

本当の目標設定とは？

あなたがもし、目標を達成したいのになかなか達成できないと悩んでいるのであれば、目標達成の3条件が押さえられていない可能性があります。

目標を達成するために必要な3条件さえクリアできれば、あなたが目標を達成することはそれほど難しいことではなくなります。

それをお伝えする前に、ある前提があります。

そもそも、あなたは目標を達成するのは苦しい、大変、と思っていませんか？

あなたが今達成したいと思っている目標のことを思い浮かべてみてください。

もしも、そのとき「〜しなければならない」という言葉が浮かぶようなら、そもそも、目標達成するのは苦しいことだという思い込みをあなたは持っています。

目標達成するために必要なことを突き詰めると、極めてシンプルなことになります。

それは「日々行動する」ということです。


今の行動を積み重ねた先にあるのが未来。

その未来をつくるのは今の行動です。

そして、行動するためには「感情」を動かす必要があります。

感情が動かないと人は動けません。

頭の中でこうしなきゃいけないとわかっていても動けないのは、心から動きたいと思っていないからです。

絶対に目標達成しよう、この夢をかなえたいと感情が動いていないのです。

私たちはどういうわけか、ついつい感情をおざなりにしがちです。

その状態では、行動しようとしても行動できません。そしてやったとしても続かない。

その結果、目標達成できない、という状況に陥ってしまうのです。

私はそれを「間違った目標」「嘘の目標」と呼んでいます。

そんな正しくない目標にとらわれて動けなくなるなら、解決することは難しいでしょう。脳がやりたくないと思ったらそれまでです。体が動かないのですから。

大切なことは「行動したい！」「早くやりたい！」とあなたの感情の原動力が働くような「本当の目標」「本当のゴール」を持つこと。それが人生をワクワク、イキイキとして過ごせるようになる大前提なのです。

POINT

・本当の目標を設定することが必要
・感情を無視した目標では動けない

目標を達成する人、夢をかなえる人の共通点

前提は、試行錯誤すること

あなたが英語を話せるようになって、海外旅行を楽しみたいと目標をかかげたとします。英語の勉強をするのに朝5時に起きようと思いたちますが、翌朝5時に起きられなかったときに、多くの人は一度5時起きできなかった時点で「諦める」のです。

「やっぱり自分は早起きできないんだ」「朝は苦手だしな」と、できない理由を探し始めます。

つまり、**夢をかなえられない人の共通点は「諦めが早い」**こと。

言い換えると、最初からすぐ結果が出るということが前提にあるということです。

逆にいえば、「諦めの悪さこそが目標達成には必要」ということです。

諦めの悪い人の代表がトーマス・エジソン。

「私は失敗したことがない。1万通りのうまくいかない方法を見つけただけだ」というセリフは有名です。

1回や2回やったくらいですぐに結果が出るようなことは、やればできることですから成長の余地もありません。

そもそも、目標にするようなことではないのです。逆に、すぐ結果が出ない、うまくいかないということは、成長の余地があるわけですから目標に値するということ。目標に向かって試行錯誤し続けるというチャレンジなのです。

目標を達成する人には、すぐには結果が出ない、うまくいかないから試行錯誤する、ということがそもそも前提にあるということです。

先ほどの例でいえば、5時起きできなかったとしても、「諦めない」のです。今日、起きられなかったのは昨夜寝たのが24時過ぎだったからかもしれない。今夜は23時には就寝しよう、といった試行錯誤をします。

では、試行錯誤し続けることができるのは、なぜでしょうか？
それは、その試行錯誤の先にある未来、そしてその道程が見えているからです。
そして、諦めなければ手にすることができると確信しているのです。

POINT

- 諦めの悪さこそが目標達成には必要
- すぐには結果が出ないことだからこそ目標に値する
- そもそもすぐにはうまくいかないから試行錯誤する前提を持つ

目標達成するための3つの条件

行動するだけでは達成できない理由

個人の夢や目標は、あなたが心からワクワクする、イキイキする目標であることが大事です。もちろん、会社から与えられた目標を達成したいという人も同じです。

しかし、仮に心からワクワクする、絶対に達成したいというモチベーションがあったとしても、それだけでは絶対に達成できません。

目標達成を最短でやり遂げるために必要な3つの条件があるのです。

多くの人が、自分がかかげた目標、自分が夢に描いたことを達成するといったときに、この条件をクリアしていないことが多いのです。それは次の3つです。

目標達成のための3条件

条件1
見える

条件2
計画とステップ

条件3
感情のエンジン

条件1　見える
条件2　計画とステップがある
条件3　感情という行動のエンジンを
コントロールする

この3つの条件をクリアしていれば、目標達成は難しくありません。

しかし、この3条件がクリアできていなければ、途中で進むべき道を間違えたり、間違えたことに気づけなかったり、途中で心が折れたり、面倒くさくなったりします。

詳しく見ていきましょう。

条件1　見える

本当の目標は目に見える

まず、条件1の「見える」ということです。

では、「見える」とは何か？

それは文字どおり、**「視覚化されている」**ことにほかなりません。

目標達成したり、夢をかなえたりするために見えていないといけないものは次のものです。

・**目標**

・ビジョン
・期限

これらを1つずつ見ていきましょう。

見える目標とは何か？

「偉大な人々は目標を持ち、そうでない人々は願望を持つ」

これはフランスの生化学者であるルイ・パスツールの言葉です。
やりたいなぁ、できたらいいなぁ、というのが願望で、それ以上の進展がないものです。それに対して、目標は具体的ではっきり見えています。

もちろん、会社や上司から与えられた目標達成の場合、すでに決められた設定になっているかもしれません。

あなたが自分の立てた目標であっても、ほかの人から付与された目標であっても、どちらにしても、多くの人が「本当の目標」になっていない可能性があります。

私のいう本当の目標とは、「その目標を達成したら、どう変わるのか」がはっきりと見えている目標のことです。

では、なぜ見える必要があるのか？

それは、**見えない目標では、達成したかがわからないから**です。

見えている目標なら、達成したかどうかがはっきりわかります。

会社の仕事なら、具体的だから、上司からはっきりした評価を獲得できるはずです。

それに対し、ぼんやりした目標では、忙しい日々を送っていても、結果を明確に残せないから、「あいつ頑張っているんだけどな」と、上司からもなんとなくの評価しか獲得できないのです。

自分自身で達成したかどうかを明確に判断できる目標（＝見える目標）になっているかどうかが重要なのです。

ビジョンとは未来像そのもの

次に、ビジョンです。

あなたがその目標をかかげたときに、感情がピクリとも動かないなら、その目標は達成する以前に一歩も行動できない可能性が高いでしょう。

そんな場合は、あなたの感情が動き出すワクワクするような目標を立てるか、会社から与えられた目標であれば、他人（ひと）ごとの目標ではなく、自分ごとの目標に変換する必要があります。

そのためには、目標を達成したあとに、あなたの周りの世界がどう変わるのかが見えている必要があります。

イメージが見えないと、そもそも感情は動かないと言われています。

そのイメージが「ビジョン」です。

ビジョンとは文字どおり映像として目に見えるもので、

「どのように成長していたいか」

「どんな人生を送りたいのか」


というあり方が描かれた未来像のことです。

目標はビジョンを現実にする手段にすぎない

スキルアップの目標、勉強の目標、ダイエットの目標、ランニングや筋トレの目標、家庭の目標、人生の目標——。

あなたもいろんな目標を持っていると思います。

ではそもそも「その目標を達成したらどうなるのか?」というビジョンがイメージできているでしょうか。

ビジョンがジグソーパズルに描かれている絵や写真などのイメージで、目標がパズルのパーツだと考えてみるとわかりやすいですね。

「このジグソーパズルに描かれている世界を実現したい!」とワクワクするから、その実現のために必要なさまざまな目標を達成していくことが、パズルのパーツを当てはめていくプロセスになります。

たとえば、あなたが、

「会議でプレゼンしても、なかなか企画が通らない」

「いつも『結局どういうことなの？』と質問されて話が全然伝わっていない」

ということに悩んでいるとします。

仕事のスキルアップの目標として、会議でのプレゼン資料をわかりやすいものにしたい、と思っているとします。

しかし、そもそもプレゼンテーションや、企画そのものに対してワクワクした感情を持っていないなら、仕事のスキルアップという目標は達成できないでしょう。

スキルアップしたい仕事の先にあるビジョンが描けていないので、「やらなければならない」という義務感だけになっている可能性が高いのです。

では、質問です。

「プレゼン資料をわかりやすくする」と、仕事にどんな結果をもたらしますか？

たとえば、会議の参加者から「○○さんの今回のプレゼンはわかりやすかったですよ」と言われたけど、企画は不採用だったら意味がないですよね。

では、「プレゼンわかりやすかったし、いい企画ですね！」と言われて、満場の拍手で企画採用が決定すればＯＫでしょうか。

これは1つの目標達成ですから、これでもワクワクするかもしれません。

でも、企画が通ることは通過点でしかないはずです。

企画が通ることで、あなたの実現したかったことが形になり、そのことでお客様が喜んでくれる、周りの世界が変わる、それがあなたの求めるゴールであるはずです。

大事なのは、それをあなたがイメージできるかどうかです。

さらに言うと、このゴールに臨場感を持ってイメージできる「ビジョン」を描けていることが重要なのです。

このようなビジョンを描けていて「それを実現したい！」と心から実感することができれば、あなたの目標を達成する確率はグンと高くなります。

情熱大陸メソッド

臨場感があるというのはこのようなイメージです。

TBS系列で放送されているドキュメンタリー番組「情熱大陸」をご存じでしょうか？

時代を動かす主人公にカメラが密着してその仕事ぶり、プライベートまで映し出す私も大好きなドキュメンタリー番組です。

あなたがその「情熱大陸」に取り上げられたとしてください。

あなたは、今構想している企画の社内プレゼンを通過させ、立ち上げることに見事成功しました。

1年後には想定していた目標を200％達成という成果を出し、打ち上げパーティーでは今年のMVPに選出されて、満場の拍手を受けてあなたがステージに登場します。司会者からマイクを受け取り、会場の皆に話しかける。そんなシーンをイメージしてみてください。

イメージしてみましたか？

その時、あなたは何を見ていましたか?

もしあなたが、テレビのフレーム越しや、カメラのファインダー越しにあなた自身を見ているとしたら、それは他人目線なので、まだ臨場感がない状態です。


臨場感があるというのは、自分目線で物事を五感で感じている状態です。ですから、あなた自身の姿は見えていません。あなた自身の目を通して見たイメージを五感で感じてみてください。


司会者から今年のMVPとして、あなたの名前が読み上げられました。

手にしていたワイングラスから一口飲んだあと、テーブルに置きます。

スポットライトの眩しさと熱さを感じながら、ステージ中央に向かうあなた。

周りのみんなから拍手を受けながら司会者からマイクを受け取ります。

一呼吸置いて、マイクの重さを感じながら右手で口元に寄せて、会場の仲間の顔を見渡します。

みんなの笑顔を見ていると、これまでみんなでやってきたことを思い出して、なんだか胸に熱いものがこみ上げてきました。そして、情熱大陸のカメラが右手からあなたを撮影しているのが見えます。


どうでしょう？

臨場感を持ってイメージすることができたのではないでしょうか。

私はこれを**「情熱大陸メソッド」**と呼んで、目標達成したあとのビジョンをイメージしています。普段でも、いつもそばで情熱大陸のカメラが回っている状態を意識しながら仕事をするようにしています。

デスクに貼り付けた情熱大陸のロゴを見るたびに「そうだそうだ、今はこの目標に向けて頑張っているんだった」とビジョンにつながる目標を思い起こさせてくれるのです。

ビジョンを「見える化」する方法

実際のところ10分、20分程度考えたところで、すぐにはワクワクするようなビジョンが見つかるとは限りません。それでも考えて、始めてみることが大切です。

頭の中で考えるのではなく、まずは紙に書いてみてください。

このとき、自分にできることではなく、自分がやりたいことや、なりたいもの、その状況を、思いつくままに書いてみるのです。

たくさん書き出したら、あなたの「理想の状態」を決めてみましょう。

このときのポイントは、いま目の前のやりたいことから考えるのではなく、「こんな人生を送りたい！」というあり方から考えてみることです。

理想といっても、いわゆる世間で言われる理想や他人の語る理想とか、ウェブや雑誌で見るような理想ではなく、あなた自身が決める理想です。

だから、理屈っぽい「こうあるべき」ではなく、「こうありたいな」と感情が動くことを考えてみましょう。

大切な人、家族とどんな時間を過ごしたいですか？
どんな健康状態なら最高ですか？
付き合いたいのはどんな人ですか？
どんな場所で過ごしたり、暮らしたりしたいですか？
どんな感情を大切にしていますか？
どんなことにやりがいを感じますか？
時間を忘れるくらいに熱中することは何ですか？
お金はどれくらいあればいいですか？

理想の未来といっても、遠い未来のことばかり考えていてもイメージできないでしょうから、むしろ1年後や3カ月後といった近い未来でもかまいません。
感情が動くようなものが出てくれば、その感情の状態でいられるために「やってみたいこと」を目標として設定してみましょう。

期限が見えない

最後にもうひとつ、見える化が必要なものが「期限」です。

目標達成のためには期限は絶対になければいけません。もしも期限がなければ、その目標はまず達成されないでしょう。

期限を決めるメリットはたくさんありますが、主に次の3つが挙げられます。

メリット1　期限を決めることで、今どう行動すべきかが見えてくる
メリット2　時間の制約ができ、効率・集中力が高まる
メリット3　自己成長のスピードを自分で決められる

まず、期限がないと、今何をすればいいのかが決まりません。

たとえば、ダイエット。3つの目標があったとき、どれが達成できそうですか？

①「ダイエットをする」
②「5キロのダイエットをする」
③「6カ月で5キロのダイエットをする」

もちろん、③番でしょう。仕事も納期が決められているから達成できますよね。いつまでに何をどの程度やらないといけないのかが決まるのです。ダイエットも期限を決めないと口だけで終わる危険性が大です。

「今から、いつまでに」と決めることで、1日あたりの行動が明確になります。

つまり、「今」何をすればいいのかが見えてきます。

「いつかやろう」という夢やアイデアは、「いつやろうか？」と具体的に期限を決めることで、夢は夢でなく、この世界であなたが実際に動かし始めたリアルなものになるのです。


2つ目のメリットは、時間の制約により効率や集中力が高まることにあります。

パーキンソンの法則では、「仕事の量は、完成のために与えられた時間をすべて満

たすまで膨張する」とされています。

つまり、3時間という枠があると、3時間を使い切るように、仕事を進めてしまうということ。

締切りもそうです。金曜日に依頼されて、「来週の水曜日までに仕上げて」と受け取った仕事があると、たとえ30分で終わるものでも、水曜日まで時間をかけて作成してしまうなんてことはないでしょうか。

時間の制約を設けることで、その枠内で終わらせようとする集中力が発揮できます。

3つ目のメリットは、自分の成長スピードを決められることにあります。

期限という時間の制約をつけることで、自分の成長スピードが変わってきます。

締切りがあると人は本気で行動しはじめます。

「いつまでに」を意識するだけで、脳はゴールに行き着くための思考と行動を自然とスタートさせるのです。これはイコール自己成長をするということです。

期限をどのように細かくつくっていくかでも、成長スピードは変わってくるのです。

同じ目標でも1年で達成しようとするのと、3カ月で達成しようとするのとでは、成長スピードは大きく変わってしまいます。期限があることが、あなた自身の成長スピードを決めているのだ、という視点を忘れないでください。

POINT

・未来像であるビジョンをまずは描いてみる
・臨場感のあるビジョンを描く
・目標達成には期限が必要

条件2　計画とステップがある

目標を達成できない人は、計画とステップが抜け落ちている

ではビジョンがあり、目標と期限があれば、あとは行動するだけ、と思うかもしれません。しかし、それでは不十分。かなり高い確率で失敗することになるでしょう。

ビジョン、目標ができたら、次に行うべきなのは、達成するための計画とステップをつくることだからです。

「計画を立てないのは、失敗する計画を立てているのと同じだ」

これは西洋の格言です。せっかく目標を立てても、それを実現するための「正しい道筋を進む行動」ができなければ、それは絵に描いた餅にすぎません。

つまり、目標があっても、どうやって到達、達成できるかの道筋を考える必要があるのです。

たとえば、毎日英語の勉強しよう、今日は走ろう、ダイエットのため食べるのは控えよう、とやる気はあるけど行き当たりばったりで行動しても、いい結果は得られないですよね。

やっているうちに少しずつ疲れ、やっていることに飽きてきて、だんだん何のためにやっているのかわからなくなるでしょう。

それらを回避するために必要なのが「計画」。あなたの目標を達成するために、具体的なステップがはっきりと示されたものです。

目標達成には具体的なステップが必須なのです。

目標達成するための「仕事のＧＰＳ」

では計画をどう立てたらいいのか、という問題が立ちはだかります。

計画の立て方は、実は多くの人が教えられていません。

なんとなく、自分の経験則で立てている人がほとんどでしょう。

たとえうまくいっても再現性がないため、次はうまくいかないかもしれません。

そのたびに計画を立てるプロセスを迷っていては非効率であり、再現性がなければ成功はおぼつきません。

こんなときこそフレームワークの出番です。

計画の立て方のフレームワークはさまざまな方法があります。

今回、私がご紹介するのはコンサルタントの高橋政史さんが『１００のスキルよりたった１つの考え方で仕事が変わる』（クロスメディア・パブリッシング）の中で提唱されている**「仕事のＧＰＳ」**というフレームワークです。

G（Goal）：目標。どこに向かうのか
P（Points）：目標達成のためのポイントは何か
S（Steps）：どんな手順（ステップ）で実現するのか
（高橋政史著『100のスキルよりたった1つの考え方で仕事が変わる』より）

ビジョンの実現のために1つのゴールを設定したら、それを実現するためのポイントを3つ決め、それぞれのポイントをクリアするために必要なステップ（手順）を決めるというフレームワークです。

私が今回この「仕事のGPS」というフレームワークをご紹介する理由は3つあります。いずれも私が実践してきただけでなく、私のクライアントさんも実践され、成果を出されている理由でもあります。

1つ目は、「1ゴール」にフォーカスする前提になっていることです。

「ゴールが1つで明確であること」はPDCAを回す上でも、もっとも重要なポイントです。

ところが、「1ゴール」という明確なフレームがなければ、思いつくままについついあれもこれも手を出してしまい、なかなかゴールにたどり着くことができないとか、今のゴールが何なのか見失ってしまいます。

「流れ星理論」をご存じですよね。流れ星を見たら、消えるまでに願いごとを3回唱えるとその願いはかなう、というお話。

実際流れ星を見たことがある方はおわかりかと思いますが、ほとんどの流れ星の見える時間は1秒程度、ほんの一瞬です。

「願いごと、何だっけ？」と思い出そうとしている間に流れ星は消えています。

でも、いつも1ゴールを明確にフォーカスできていれば、今この瞬間に3回唱えるのはできない話ではありません。私もストップウォッチ片手に今の目標を3回、早口で唱えてみましたが、かかった時間は1秒01～1秒03でした。

あれもこれもではなく、いつでも1ゴールにフォーカスし、あなたが目にすることで、一瞬で思い出せるくらいに心に刻み込まれている、いつでもすぐに口から出てくる、そんな状態をつくることが大切です。

2つ目は、数字が明確になっていることです。

多くのフレームワークに欠けている視点が実は数字です。高橋政史さんはこの「3ポイント」という切り口で、数字そのものが実はフレームなのだと明快に示されています。

アイデア発想では、発散・拡散するだけでなく、収束させることが重要であると多くの方が指摘されています。

あなたも「そんなことは知っているよ、わかっているよ」と感じているでしょう。

では、どこまで収束させればいいのか？

そこにフレームはあるでしょうか？

多くの発想法では、「どこで収束させればいいのか」という出口が決まっていないためアウトプットしても、これでいいのかわからない、納得できない、いつまでも考えるプロセスが終わらない、といった問題に直面しがちです。

ここで「3ポイント」とアウトプットの出口が明確に決まっていることで、とりあえず3つ決めることができれば終了、といつまでも迷走することを防ぎ、次のステップに移ることができるのです。

3つ目が、シンプルであるがゆえにノートとの相性がいいことです。

「仕事のGPS」のやり方はのちほど説明しますが、ノートの上で線を引くだけでいつでも再現できるシンプルなフレームです。

「どんな形だったっけ？」と思い出すのに悩むこともないので、この計画フレームである「仕事のGPS」と実践フレームである「PDCAノート」、いずれも1冊のノートの中で組み合わせて使うことができるのです。

期間に落とし込む～ピリオダイゼーション～

計画のフレームワークがわかったら、次は「期間」に落とし込みます。

計画を達成するためにどのくらいの期間が必要なのか、という時間軸を加えることで、計画は本物になります。

単純にゴール設定をして、計画をつくろうとしても、それが1年計画なのか、3カ月で達成する計画なのかによって、計画そのものは大きく変わってくるでしょう。

もちろん、計画のフレーム以前に、先に「いつまでにこれを達成しなければならな

「仕事のGPS」とは？

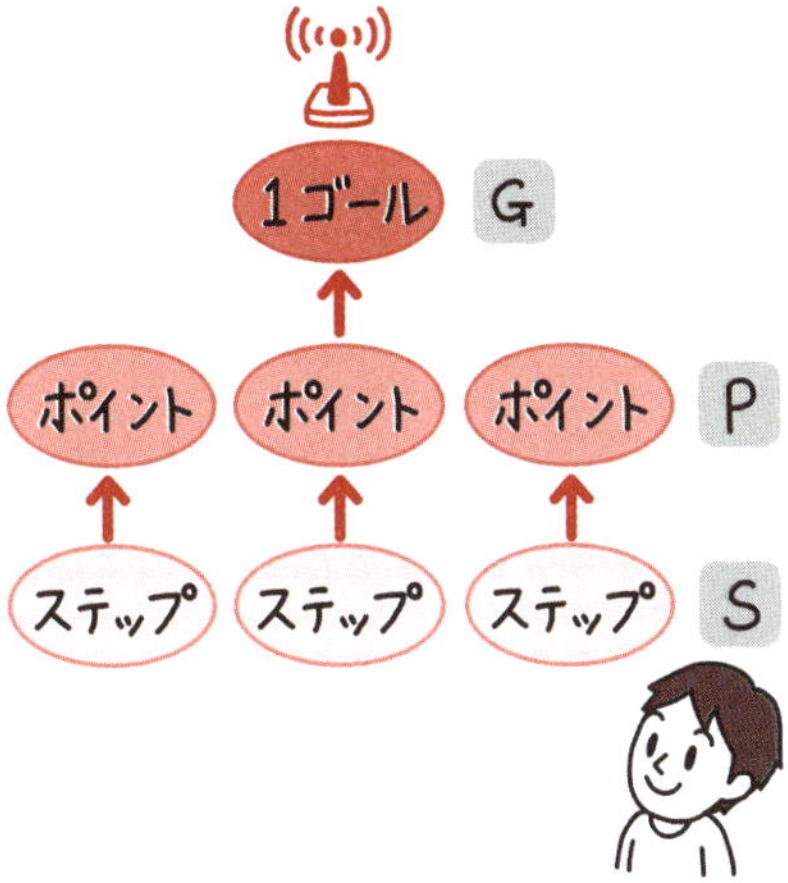

G（Goal）　：目標。どこに向かうのか
P（Points）：目標達成のためのポイントは何か
S（Steps）：どんな手順（ステップ）で実現するのか

Goal（目標）、Points（ポイント）、Steps（手順）の頭文字をとった高橋政史氏が提唱している仕事の計画をつくるフレームワーク。GPSをセットすることで、ゴールまでの進み方が見えてくる

1ゴール、3ポイント、3ステップをつくろう

い」という場合もあるでしょう。

どちらにせよ、達成までの期間を設定して、それに合わせた計画にする必要があります。


このときの重要な考え方に「ピリオダイゼーション」というものがあります。

簡単に言えば、「細かい締切り」をつくることです。

スポーツやフィジカルトレーニングで言及される考え方で、1年間といった長期にわたるトレーニングや年に1回の大会を目標にしても、それを続けることは簡単ではありません。

長期にわたり同じことをやり続けることは、飽きがきたり、モチベーションが下がってしまったり、メンタル的な変化もあり、いい結果が生まれにくいのです。

ビジネスでも同じです。

1年後にこのプロジェクトを成功させるという漫然とした目標があっても、細かい締切りを設定していなければ、なかなか動き出しにくいことはあきらかです。

結局、人には締切りを意識できなければ、行動を起こしにくい心理があるのです。

ただ締切りは1つではうまくいきません。

たとえば、学生の頃、夏休みの宿題を最後に急いで終わらせた、というような経験はないでしょうか。

新学期の始まりが締切りです。

締切りはあってもなぜ動けなかったかというと、中間的な区切りがないからです。

締切りや区切りが1つしかないと、そこで帳尻を合わせてしまえばいいという心理が働きます。

だからこそ大事なのは「細かい締切り」である、ピリオダイゼーションという考え方です。

ピリオダイゼーションという考え方では、1つの目標への期間を複数に区分けして、何をどのようにどのくらいの期間で行うかを決めるのです。

本書では、3カ月タームというのが基準です。

目標達成においては、

・ビジネスのプロジェクト
・ダイエットや筋トレなどの肉体改造
・ＴＯＥＩＣや資格試験の勉強
・自己実現の夢

など、目標設定はあなた次第です。

短期間で達成できる目標もあれば、長期間かかる目標もあるでしょう。

ただ、１年間という目標設定をしたからといって、１年かけて達成する必要はまったくありません。達成したいタイミングは３カ月後でもいいし、６カ月後でもいいのです。

なので、１年間での達成スケジュールであったとしても、３カ月×四半期と分け、それぞれの締切りと、何を行うかを決めていきましょう。

それらが決まれば、あとは日々ＰＤＣＡを回し、細かく軌道修正をしながら進めていくことになります。

最初の一歩はベイビーステップ

計画とステップの道筋が見えたら、行動に移す「最初の一歩」が何より大事です。

このときのポイントは3つ。

①まず「何をすればいいのか」が明確であること。
②次に、それが簡単・確実に実行できること。
③そして、絶対に失敗しないこと。

つまり、計画とステップを行動に落とし込むときは、「ベイビーステップ」でスタートする必要があります。

ベイビーステップとは**「よちよち歩きの赤ちゃんでも超えられる低いハードル」**という意味です。

脳は現状維持を好み、急激な変化を嫌います。

だから、ベイビーステップで「小さな変化」を少しずつ起こす必要があります。**最初に行動を起こすときに少しでもハードルが高ければ、行動しない確率、失敗の確率が高まります。**面倒くさい、やっぱりこの方法ではないかもしれない、など脳はやらない理由をつくり出そうとするのです。

だからこそ最初の一歩は、「何をするかが明確になっていること」「今すぐ、簡単にできること」「絶対に失敗しないこと」にしましょう。

たとえば、ほとんど英語ができないという状態から、TOEICテストで700点という目標を立てたとします。

「TOEIC700点を取るために勉強する」ではもちろんダメ。行動が具体的ではないからです。勉強するというのも、行動が見えません。かといっていきなり毎日1時間TOEICの過去問を解く、というのはハードルが高く、毎日続かない危険性があります。

ですので、ベイビーステップ。

たとえば、「中学校の英語の文法の参考書をネット通販で今すぐに買う」といった本当に今すぐにでき、絶対に失敗しないことにするのです。
そして、すでに目標達成に向けて行動してしまっている、そんな状態にしてしまいましょう。

POINT

・計画を立てるために「仕事のGPS」というフレームを活用する
・ピリオダイゼーションという考え方を使う
・ベイビーステップで今すぐ取り掛かる

条件3　感情という行動のエンジンをコントロールする

目標達成で重要な最後の条件は、感情という行動のエンジンをコントロールすることです。

つまり、**脳のリソースを含めたメンタル面を常にいい状態にする**こと。

あなたが、どれだけ目標達成のためのいいノウハウを持っていたとしても、

- **イライラしている**
- **何をする気も起こらない**
- **自信をなくしてしまっている**

そんな状態では、どれだけスキルや知識があっても、いい結果は得られません。

大事なのは、感情やメンタル面を整え、常にモチベーションを高く、自分の脳のパフォーマンスを常に最大化しておくことです。

そのために大事なのが「意志の力」と呼ばれるウィルパワーです。

ウィルパワー（意志の力）は有限なリソース

難しいことに取り組んだり、悩んだり、意思決定を繰り返すたびに脳は疲弊していきます。すると、思考のスピードや精度が下がっていくのです。

これを**「ウィルパワー（意志の力）」**と言います。

ロールプレイングゲームのドラゴンクエストには、画面に表示されるMP（マジックパワー）というものがあります。魔法などを使える全体量を表したもので、魔法という特殊能力を使うたびにMPは消耗し、0になると魔法は使えなくなるというものです。ウィルパワーとはこのMPのようなもので、朝起きて満タンだったMPがちょっとずつ、ちょっとずつ減り続けるイメージです。

「ウィルパワー（意志の力）」とは？

心理学者ロイ・バウマイスター氏が提唱した「目標を成し遂げる集中力を生み出す力」を指す心理用語。

ウィルパワーは、小さな意思決定を繰り返すことで徐々に消耗していく。朝パフォーマンスが高く、夜パフォーマンスが下がる理由もここにある。

ウィルパワーは消耗品。
ムダな意思決定を減らそう

これは、朝着替える際に「どの洋服にしようかな？」といったレベルの意思決定でも消耗します。

通勤で満員電車に揺られてイラッとしたり、オフィスについて「えーっと、今日は何をしようかな？」と考えたり、「今日のランチは何にしようかなぁ」「どうやって企画しようかなぁ」という小さな意思決定でも消耗するのです。

「よしやるぞ！」とやる気を入れようとしても、ウィルパワーが使い果たされていたり、著しく消耗していたりすると、いざ頑張ろうとしてもパフォーマンスは上がらないのです。

ということは、**夕方以降はウィルパワーが減るだけ減って、パフォーマンスは著しく落ちてしまっている状態**だということです。

ただでさえウィルパワーが消耗し、肉体的にも消耗しているから、残業してもパフォーマンスは最悪。

気合いや根性で乗り切るには限界があるのです。

脳のパフォーマンスを最高の状態に維持する

気合いや根性に頼るという状態は、ウィルパワーが消耗しきってパフォーマンスがマイナスになってしまっている状態を、0からプラスの状態にしようということ。

つまりそれは、問題が起こってから対処しようとしているわけです。起きられないから目覚まし時計を増やすとか、眠気があるときに栄養ドリンクを飲むといったことも対処です。

ですが、本来やるべきことは、まったくその逆。**問題が起きてから対処するのではなく、「問題が起こらないようにすること」**が必要なのです。

つまり、ウィルパワーを消耗しないようにして、常にパフォーマンスのいい状態で取り組めるようにしておく、というアプローチです。

パフォーマンス維持に一番必要なことは「睡眠」です。

睡眠不足、眠りの質の低下はパフォーマンスを下げる要因にしかならないことを覚えておいてください。これは私も歳を重ねるごとに実感するばかりです。

私が実際に取り組んで効果があったことで、周りの忙しそうだけど成果を出している友人たちの行動を観察した結果から、脳のパフォーマンスが最高の状態を維持するための3つの方法をお伝えします。

朝早い時間から行う

成功する人たちはとにかく早起きだと言われています。

実際、私のまわりでもSNSを見ている限り優秀な人ほど4時起き、5時起きで活動を開始されている方が多いのです。

脳のパフォーマンスがいい状態の朝の時間で、目標達成のための行動を始めるのは理にかなっています。

私の朝時間の活用方法は、会社に出勤する前の時間を使うことです。

駅ナカのいつものカフェで、まずは「PDCAノート」を書き、メルマガを執筆したり、読書をしたり、主に副業での目標達成に必要な行動にあてています。

私が朝にこうした行動をするのは、出勤時間というお尻が決まっているので集中して取り組めることと、満員電車を避けてウィルパワーを消耗させないためです。

そして、夜は日中の予定がずれ込み、予定どおりにできなくなるリスクが非常に高いことがあります。

朝行うことで、「やろうとしたのにできなかった」を回避できます。

そして何よりも夜はパフォーマンスが落ちているからです。

疲れ切った頭と体ではいい仕事はできません。

かつて残業100時間以上だったころより、残業が減り、残業ゼロの今のほうが仕事の成果も評価もよくなっているというのも、パフォーマンスが良い状態になったことが影響しているというのが私の実感値です。

夜は、脳と体の回復の時間にあてるのがベストと覚えておいてください。

いつもどおりでやる

最高のパフォーマンスを安定的に発揮するコツは「いつもどおり」をつくること。

脳は「いつもどおり」が大好きです。

毎日同じルーチンにして、やらなくても困らないことは極力脳を省エネにして、やるべきことにフォーカスできるようにする。それが最高のパフォーマンスを維持する秘訣です。

先日テレビを見ていて目に留まったのが、プロ野球選手の岩瀬仁紀投手が42歳でプロ野球史上最多の950試合に登板を果たしたというニュースでした。

ケガの多かった岩瀬投手を支えてきたのが、「100を超えるルーチンを毎日欠かさずやってきたこと」だと紹介されていたのです。

私も思わず「100個!?」と叫んでしまいました。

私も100個には到底及びませんが、時間をかける価値をあまり感じていないことは、労力と時間をかけずに済む仕組みをつくってルーチンにしています。

たとえば、朝着替えるワイシャツは同じものを7着用意。

靴下も左右を選ぶ必要がない黒無地を10組用意。

私にとって朝の着替えは無意識の作業です。

カフェの注文も「ホットコーヒー、トールサイズ」と決めているので迷いません。

ランチもコンビニに行く場合は、最初から買うものを決めています。

入店してから退店まで3分以内が基本です。


電車であれば乗車する車両は、皆さんもいつも同じではないですか。

いつも同じ位置で同じ顔ですよね。

この「いつでも、どこでも、いつもどおり」のメリットは計り知れません。

なぜなら、「いつもと違うものを選んでみよう」「気分を一新しよう」という心理作用が、実は脳にとって大敵だからです。

「その日の気分で考える」を続けていれば、そのたびにウィルパワーはムダな消費を求められます。

他人やメディアのマーケティングによってつくられた理想の未来を求めるのではなく、あなたにとって理想の未来を実現するため、今を最高のパフォーマンスで過ごせるようにルーチンをつくることが大切なのです。

フレームを使う

思考でも脳のエネルギーを消耗させないために、ここではフレームをうまく使いましょう。フレームがない人は、毎回ムダなところで考えたり、悩んだりしてしまいます。フレームを一度つくってしまえば、それは作業に変わります。

やることが明確で、自動操縦の車に乗っているようなものです。

いつもどおりにやればいいので、悩むこともかなり減ります。

仕事の進め方そのものにいちいち悩んで消耗していた仕事も、フレームをうまく使って「いつもどおり」の作業に変えることで、それらを省エネ化し、本来頭を使うべき「計画や戦略を練る」「アイデアを出す」など、クリエイティブなことにエネルギーを投入できます。

フレームは行動の質とスピードを高め、誰でも簡単に結果を出す技術なのです。

「ＰＤＣＡノート」も、ＰＤＣＡを回すフレームそのものです。フレームを使うことで、これまで「知っている」だけで終わっていたＰＤＣＡを簡単に回せるようになります。

ノートとペンさえ用意すれば、簡単にＰＤＣＡは回り始めます。

なぜなら、それが「フレームの力」だからです。

人はフレームによって動いています。これまで動かなかったＰＤＣＡをノートというフレームを活用して、ガンガン回すだけにしていきましょう。

POINT

・ウィルパワー（意志の力）は有限なリソース
・パフォーマンスを上げるのではなく、最高の状態を維持する
・朝早い時間を活用する
・ルーチン化して「いつもどおり」行動する
・フレームを活用する

第2章

夢・目標を達成するための思考法

ゴールに向かってＰＤＣＡを回しなさい

Ｇ＝目標（ゴール）から始めるＰＤＣＡ

目標（ゴール）を持たずに、興味を持ったものを思いつきでやってみるというのは、ゴールのないマラソンレースを走っているようなものです。

ランニングそのものが楽しいと感じる人なら、目標（ゴール）がなくても、走ることはできるかもしれません。

しかし、楽しいという理由だけで、目標（ゴール）も持たずに、ただ走っているだけだと、いつか必ず、飽きてしまいます。違うことに興味を持ったり、走ることが面白くなくなったりしたら、走ることをやめてしまう可能性は高いでしょう。

違うことをやるのが楽しい、というのも1つの生き方です。

でも、続けたい場合は、どうしたら続けられるのでしょうか？

答えはもうおわかりのとおりです。

目標（ゴール）を決める、ゴールから始めることです。

「PDCA」の前に「G」をつけろ！

PDCAというと、「まずはPの計画から」と思いがちです。

しかし、その前にもっとも重要なことがあります。

闇雲にPDCAを回すのではなく、目標（ゴール）に向かって回していくことです。

だから、PDCAサイクルでどれが一番大事かと問われたら、私は「G」と答えています。

つまり、目標（ゴール）が明確になっていることである、と確信しています。

この考え方のことを、**「G−PDCA」**と言います。

計画の前にまずは目標（ゴール）を設定した上で、PDCAを回していくのです。

「なぜ、この計画を実行するのか?」「なぜ、このPDCAを回すのか?」

と問いかけてください。

ゴールなきPDCAは必ず方向性を見失います。

ゴールがコロコロ変われば、必要以上の修正、言ってしまえばムダな修正を何度もしなければいけなくなります。もちろん、それも試行錯誤なのですが、試行錯誤はゴール達成に必要な成長をするためにあるのです。

PDCAを回すことは手段であって目的ではありません。あなたのPDCAを回した先にある目標(ゴール)そのものを、まずは明確に決めてください。

POINT

・PDCAの前にG(ゴール)をつけて回す

目標達成のための「G―PDCA」のつくり方

目標達成に必要な「G―PDCA」サイクル

これまでお伝えしたことを踏まえると、実は目標達成に必要なのはこの3ステップの「G―PDCA」サイクルを回すだけです。

G―PDCA

1 ビジョンを実現する目標を決める（見えるか？　ワクワクするか？）
2 目標実現のための計画を立てる（GPSフレームを使う）
3 毎日フレームに沿って行動し、振り返る（毎日のPDCA、フレームとルーチン活用）

やり方がわかり、なんとかやってみた、なんとか目標達成した、終わり――ではありません。

目標達成を山登りにたとえると、最初は東京にある高尾山がゴールだったけど、達成してみたらこの高さは当たり前になってしまった。

もっと高い山にも登れそうだな、次は筑波山かな、とあなたが成長して今までとは違う景色が見えるようになってきたら、新たな目標を設定し直していくことが大事です。

そうして行動していると、当然ながら次々と新しい景色が見えてきます。

あなたは、次々と新たな目標を設定し直して、行動していくことになるわけです。

では、その目標達成のために一番重要なことがあるとしたら何でしょうか？

それは、**目標達成に必要な3ステップであるG－PDCAをいつでも再現できること**だと私は考えています。

なぜなら、前回はたまたまうまくいったけど、今回はうまくいかないなぁ、というようでは困ります。再現性がある仕組みをつくりましょう。

目標達成する仕組みづくりの鍵はフレームにあり

学んだスキルを繰り返して実践して再現するために必要なものは、気合いや根性や努力でも意識の差でもありません。

必要なものは「フレーム」です。

フレームは、物事を整理する際に使われる思考の型と一般的には理解されています。

人はよくも悪くも、フレームに縛られて生きています。

人の行動の90％はフレームに縛られているとも言われています。

フレームが用意されると、脳はいちいち考えたり、悩んだりすることなく、結果につながる行動をとることは1章でも触れたとおりです。

逆に言えば、フレームさえ用意すれば、自然とそのとおり動くことができます。こんなに使える方法があるのに、ほとんどの方は意識してフレームを活用していません。

自分の思うとおり、フレームをつくった人が勝つのです。本書の目標達成ＰＤＣＡノートもフレームを活用したメソッドになっています。

目標達成する仕組みこそが、「目標達成ＰＤＣＡノート」である

前書『自分を劇的に成長させる！ ＰＤＣＡノート』では、ＰＤＣＡを回すにはフレームこそが鍵となることに気づいた私が開発した「ＰＤＣＡノート」というＰＤＣＡを回すフレームをご紹介しました。

「ＰＤＣＡノート」は、ＰＤＣＡを回すための3つの基本ルールを押さえたフレームです。

ルール1：見える化　ＰＤＣＡは視覚化できれば回る
ルール2：仕組み化　ＰＤＣＡは仕組みで回る
ルール3：習慣化　ＰＤＣＡを回すことを習慣化する

この3つのルールはＧ―ＰＤＣＡにおいても基本的には同じで、意識しているだけでは回りません。

G―PDCAを回すにも、この3つのルールを押さえたフレームが鍵になるのです。

ではG―PDCAを回すフレームとは何か? それこそが、PDCAノートの活用方法の1つである「目標達成PDCAノート」です。

G―PDCAを回すフレームをノートの中につくっていきます。目標達成PDCAノートのフレームに沿って、G―PDCAを書いていくことで、すべてが解決するのです。

計画と行動を左右に2分割することで、あなたの目標達成のために毎日どれだけ時間を使うのか計画し、実際どれだけ使ったのかが一目瞭然となります。日々のPDCAを積み重ねていきながら、毎週と毎月のPDCAまでフレームに沿って書くことで、自然と目標達成しやすい環境が実現できます。

これまで目標達成したいけど遅々として計画が進まず、目標達成できずに回せていなかったG―PDCAがいとも簡単に回るようになります。

この目標達成PDCAノートを書いていけば、自然とG―PDCAサイクルができるようになり、仕事においても、人としての成長においても、あなたの望む理想の未来に向けて、本質的な成長が望めるようになっていきます。

それでは、これから目標達成ＰＤＣＡノートを書いていく前に、目標設定についての大前提について考えていきましょう。

POINT

・目標達成する仕組みが目標達成ＰＤＣＡノートというフレーム

本当に手に入れたいものを書き出してみよう

手に入れたいなら、手で書き出して、目に入れる

目標達成の方法をお伝えする前に、確実に目標達成できない方法をご紹介します。
その1つが「頭の中で思い浮かべただけ」というもの。
何か目標を頭の中で考えてください。
翌朝、もしくは早ければ数十分後には、その目標は頭から消えているでしょう。
人は目にしていないことは実現することができません。
それは文字どおり「見失う」からです。

ある調査によると、年始にかかげた目標を達成できなかった理由の第一位は、「そもそも目標を忘れていた」だったそうです。

つまり、目標は常に目に見える状態にしておくことが、目標達成のための最低条件です。

紙に書いて目に見える場所に貼る、それも1カ所ではなくあちこちに貼る。家の中なら、書斎に貼る。トイレに貼る。写真に撮ってスマホの待受画面にする。そして、手帳や持ち歩くノートに書いておく。

あなたが、手に入れたいものがあれば、手で書き出して、その目に入れることがスタートなのです。

手に入れたいなら、手放せ

あなたは、「よし、手に入れたいものを書き出すぞ」と意気込んでいると思いますが、気をつけたいことがもう1つあります。

それは、私たちは目標とかゴールとか、行動・実行・実践という言葉を聞くと、どうしても「やる」ことばかりに意識が向きがちです。

「あれしよう、これしよう」といっても、結果は「あれもできてない、これもできてない」になってしまうことになります。

やるべきことが増えすぎると、当然できないことも増えてしまうのです。

あなたもそういう経験をしたことがあるはず。

その繰り返しはもうやめましょう。

本当に手に入れたいものを手にするには、重要なことに「フォーカスする」のです。「やる」ことで「手に入れる」ことばかり考えてしまいますが、実は「やめる」こと、「やらない」こと、「やめたい」ことも決めて、「手放す」ことが欠かせません。

重要なことにフォーカスしているつもりで、できていないのは、多くを抱えすぎているために、目移りしてしまうからです。目が一点に集中できる環境を用意しましょう。

たとえば、モノの整理整頓。

限られたスペースをどう快適に過ごしたいかというゴールを決めて、「整理」＝不要なものを取り除いて、「整頓」＝正しい位置にきちんと置く、がワンセットです。

整頓であって整頓整理ってことはありえません。モノは捨てずに今あるものを収納道具や収納方法で解決しようとしたけどうまくいかない、なんてことになってしまうのです。

POINT

・手に入れたい未来を書き出してみる

・手に入れたいなら、手放すことが必要

SMARTでゴールをつくる

目標を設定する最強のフレームワーク「SMART」とは？

目標設定において必要不可欠なフレームワークがSMART基準です。

Specific（具体的であること）
Measurable（測定可能であること）
Achievable（達成可能であること）
Relevant（関連性があること）
Time-bound（期限があること）

有名なフレームワークなので、ご存じの方も多いでしょう。

詳しくは、次のとおりです。

◎Specific 具体的であること

目標は具体的であることが最重要です。抽象的で、聞こえのいい言葉を並べた目標というのは達成しづらくなります。というより、達成したかが判断できません。


「いい暮らしをしたい」

「一生懸命頑張る！」

「もっと効率的に仕事をする！」

「生産性を上げる！」

「妻を怒らせない」


これらはテーマやスローガンであって、具体的な目標になりません。

それらを実現したと判断できるように、何を、どれくらい、どうやって、と達成基準が具体的であることが欠かせないのです。

◎Measurable 測定可能であること

数値目標であること。目標を達成するプロセスが明確、進捗状況を測定できることが大前提です。数字にできそうにないことも必ず「ハカる」ことができる目標に変換します。

数値化するということは、「見える化」することです。

次のようなイメージで数字や数値化できる目標、自分の行動でコントロールできる目標にすることで、ゴールが明確になります。

「1カ月で、新規顧客100件のアポイントを獲得する」
「コンサルティング契約10件獲得するために、セミナーで100人集客する」
「3月までにTOEIC700点を獲得する」
「7月までに10キロのダイエットをする」
「毎朝5時に起きて30分ランニングする」

目標が数値化しにくいときはどうすればいい?

どんな仕事や達成したいことでも、必ず数値化できる指標があります。

そうしないといつまでたってもボンヤリして達成できないままということになってしまいます。

たとえば、先ほど挙げた「妻を怒らせない」のような目標でもです。そんなゴールのままだと、自分の行動ではなく相手の状態がゴールとなってしまうので、自分ではコントロールできません。

「自分の行動として何をするか?」「どんな状態で過ごすか?」と、見えるまで考えてみましょう。たとえば、

「妻の話を最後まで口を挟まずに聴く」

「妻のしてくれたことに対して必ず、ありがとうと伝える」

これだと、「最後まで」は時間軸で判断できます。

「してくれたことに対して必ず」は回数軸で判断ができます。

こうやって振り返って達成できたかどうかがはっきり判断できる目標を設定しましょう。

ほかにも達成したいレベルを数値化するための視点の例をリストアップしておきますので、目標設定の数値化の参考にしてみてください。

目標の軸	数値化する視点の例
時間軸	学習時間、処理時間、残業時間、リードタイム、何時まで、毎月、毎週、毎日、曜日
金額軸	売上金額、利益金額、原価、販促費用
数量軸	腹筋回数、取引先数、新規顧客数、来店客数、訪問件数、イベント開催数、クレーム件数、返品件数

比率軸	体脂肪率、筋肉率、コンバージョン率（CVR）、投資対効果（ROI）、改善率、回転率、欠品率
点数軸	TOEICスコア、顧客満足度、品質スコア
重さ軸	体重、在庫重量、製品重量
長さ軸	ウエストサイズ、胸囲、走行距離
広さ軸	作業スペース、荷物容積、床に物を置いていない面積

◎Achievable 達成可能であること

目標を高くかかげることは必要ですが、現実的に達成可能な目標が必要です。

『〈パワーポーズ〉が最高の自分を創る』（早川書房）で有名なハーバード大学の社会心理学者エイミー・カディ教授の研究では、目標達成できなかったという事実に直面することは自分自身を傷つけ、モチベーションを失わせてしまうことが判明しています。

◎Relevant 関係性があること

自分に関係がある、自分ごとである。つまり、あなたの理想の未来、ビジョンに関係性があるものである必要があります。

自分ごととして捉えられているかどうかは、そのゴールを書き出して目に入れてみて、声に出して読み上げてみたときに、イメージが湧くかどうか。そしてそのイメージにあなたの感情が動くかどうかで判断できます。

ワクワクするかどうかという判断基準です。

「あーそれ欲しい、実現したいな」と感情が動けば自分ごとですが、何もイメージが浮かばず、少しも感情が動かないなら、残念ながら他人（ひと）ごとだということ。そうなると行動できません。

仮に行動できて、達成したとしても、達成感や充実感を感じることは難しいでしょう。自分ごととして感情が動くゴールにしましょう。

また、会社の仕事やプロジェクトとしての目標であれば、その組織の目標に沿った個人の目標であることを確認しておく必要があります。

リーダーであれば、チームが一丸となって同じゴールに向かっているか、双方が同じイメージを描けるまで、妥協や手抜きせず、しっかりと確認しましょう。

◎Time-bound（期限があること）

達成日を具体的に決めましょう。そうすることでより集中して目標にフォーカスし、計画したプロセスを実行することができます。

マイルストーンをつくれ

目標達成までに節目節目で「マイルストーン」を設定することが効果的です。

先にお伝えした「ピリオダイゼーション」の考え方です。細かい締切りをつくるイメージです。

そもそもマイルストーンとは、道路に1マイルごとに置かれている標石のことで、日本でいう「一里塚」と似ています。

目標設定におけるマイルストーンの意味合いは、節目節目で小さな締切りを設けて、1つずつ達成していくことで、道に迷わずに、遠くだと思っていた目標地点に到着できる道しるべ、中間ゴールです。

学生の頃マラソン大会で「次の電柱まで頑張ろう……」と小さな目標を置くことで遠くのゴールが多少は楽になりませんでしたか？

目標を達成するまでのプロセスが最初から最後までブレずに進むなんてことは、そもそもないので、その時々で目標を見直して、設定し直しながら一歩ずつ進めばいいのです。

あなたが立てた目標はＳＭＡＲＴになっているか、今一度チェックしてみてください。何か1つでも抜けていれば、ＳＭＡＲＴな目標になるようブラッシュアップしてみましょう。

POINT

・目標設定はSMART基準で行う
・マイルストーンをつくる

第3章

目標・計画・ステップをつくるPDCAノート

目標達成のためのPDCAを回すツール

PDCAはノートで、でっかく回せ！

それではPDCAノートを始めていきましょう。用意するものは次のものです。

- A4サイズ以上のノート
- ペン
- できれば定規

必要なのはこれだけです。

このときのノートのサイズは、Ａ４以上をオススメしています。

理由は一定のスペースが必要だからです。

広いスペースがあると、ＰＤＣＡのそれぞれの項目を書き込んで考えることができる、つまり1カ所にＰＤＣＡをまとめることができます。

小さなノートやメモ帳では、書きづらいのです。最初は書くことも少なくて、大丈夫な気がするのですが、慣れてくるに従い書く量が増えて不便になっていきます。

ですから、最初からぜひともＡ４サイズ以上のノートで取り組んでみてください。

ただ、どうしてもＡ４サイズのノートは持ち歩けないという場合は、Ａ５サイズのリング綴じタイプのノートを見開きにしてＡ４サイズになるものでもいいでしょう。

ＰＤＣＡノートは「方眼ノート」がオススメ

ノートの柄は無地タイプ、罫線タイプ、方眼タイプなどがありますが、オススメは方眼ノート。方眼ノートをオススメする理由は、簡単にまとめると次のとおりです。

・ノートがキレイに書ける
・フレームをつくりやすい（定規がなくてもフレームがつくれる）
・情報が整理される
・振り返って見直しても、すぐに理解できる

ノートは、あなたの思考のフレームそのもの。ノートがぐちゃぐちゃになっているということは、あなたの頭の中もぐちゃぐちゃになっているということです。

ノートはただ書けばいいのではなく、フレームをつくり、そのフレームに整理して落とし込んでいくことで、本当の成果につながります。ＰＤＣＡノートは、フレームが鍵になっていますので、ぜひ方眼ノートを活用してみてください。

POINT

・ＰＤＣＡノートはノートとペンと定規で回す
・Ａ４以上の方眼ノートがオススメ（Ａ５サイズの見開き使用でもＯＫ）

目標・計画・実行・振り返りをビルドインした1冊のノート

目標達成PDCAノートの全体像

PDCAノートは毎日書くことが前提となっています。1冊のノートを使い、日々のPDCAを回していき、ゴールに向けて積み重ねていくフレームです。

そして、「目標は何で、何のためのPDCAを回しているのか」を明確にした上で、具体的な計画に落とし込み、毎日のPDCAを回しながら、1週間単位で振り返るノートをつくりましょう。

これらを1冊のノートにビルドインしたものが、まったく新しいPDCAノート術である「目標達成PDCAノート」です。

目標・計画・ステップをつくる7つのフレーム

・フレーム1：やりたいことリスト
・フレーム2：やらないことリスト
・フレーム3：ビジョンと目標
・フレーム4：年間計画GPS
・フレーム5：四半期3カ月計画GPS
・フレーム6：デイリー目標達成PDCA
・フレーム7：ウィークリーレビュー

まずはこれらをつくっていきます。本章では、フレーム1〜5までをつくっていきます。フレーム6と7は日々実践するPDCAノートになるので、次章で詳しくご紹介していきます。

何かいっぱいあるなと思われるかもしれませんが、どれもとてもシンプルなので、ノートとペン（と定規）があれば、いつでも簡単に、再現できます。

よくありがちな専用ツールを用意したり、印刷物が何枚も必要だったりすると、かえって面倒で、再現性といった点では簡単に、とはいきません。

目標達成PDCAノートの7つのフレーム

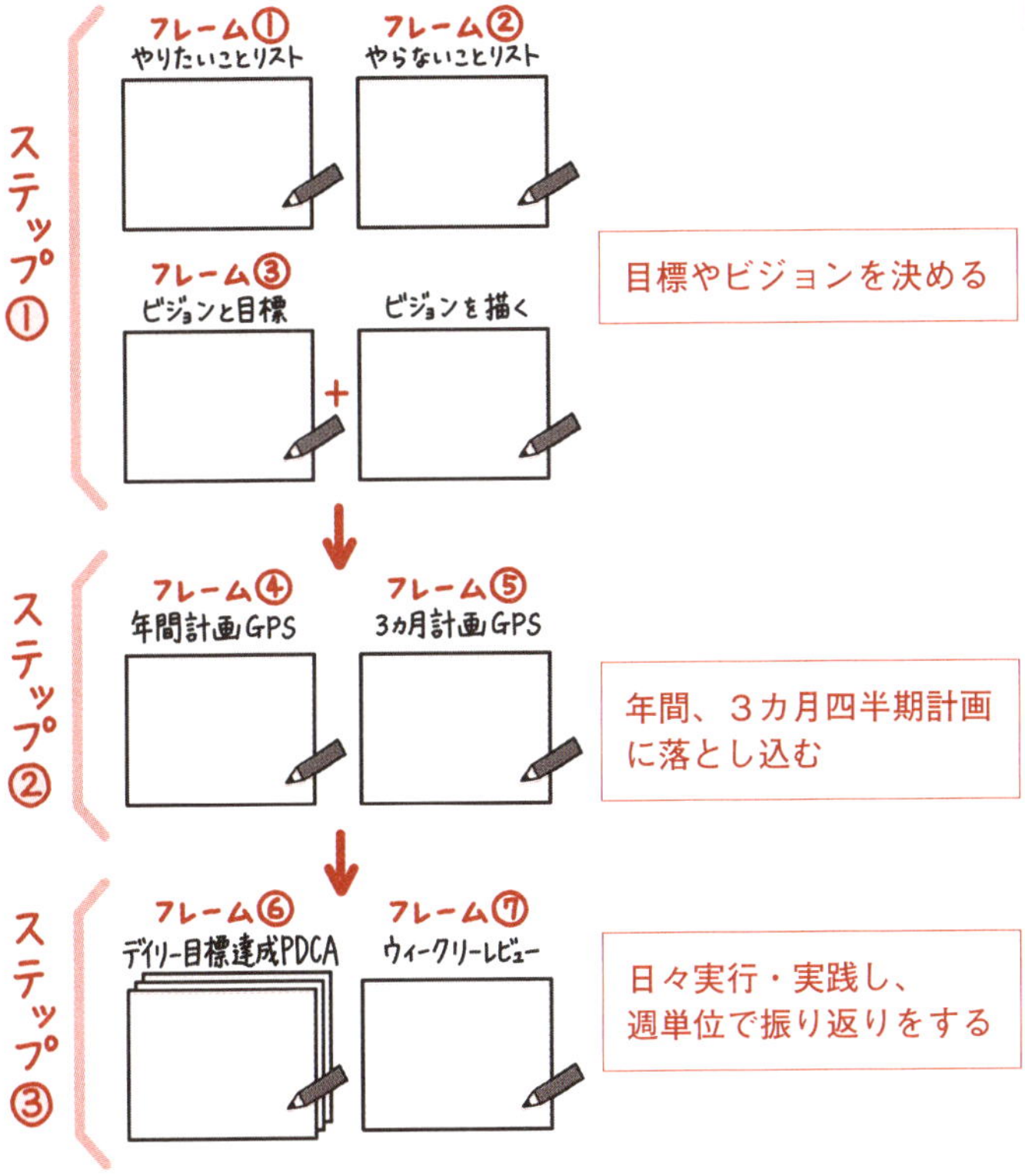

フレーム1「やりたいことリスト」のつくり方

自分の本当の目標を見つけ出す方法

やりたいことを頭の中に入れっぱなしでは、浮かんでは消え、「なんかやりたいことがあったんだけどな」とあやふやな妄想に悶々《もんもん》としてしまいます。ですので、「やりたいこと」は紙に書き出しておくことが大切です。

やりたいことなんて思い浮かばないという人も、実際に紙に向かって書き出していないケースが多いようです。

ノートにフレームを用意してから、頭の中から取り出して書き込んでいきましょう。

ポイントは**「量を出し、そこから絞り込む」**です。

まずは、量を書き出してみることで、自分のやりたいことの方向性が見えてきます。50個を目安に書き出してみてください。50個埋まらなくてもいいですし、100個書ける方は100個書き出してもOKです。

ノートにはあらかじめフレームをセットしてから、書き始めます。

ノートを縦に5分割して、各枠に10ずつ数字を振っていくと「やりたいことリスト」のフレームがセットできます（次ページ参照）。所要時間1分半から2分程度です。

書き出すためのフレームをあらかじめセットしておくことで、リストアップしやすくなります。

もしも今お使いの手帳にちょうどいいフォーマットがあれば、それでもOK。

手帳だと1年は同じものを使って過ごすことになるので、一度書いたら書きっぱなしとなりがちですが、ノートだとひんぱんに新しいノートに変えることになるので、そのたびに、また書き出すことになります。

何度も書くと手で覚えることができますし、すでに興味を失ってしまっていること

フレーム1「やりたいことリスト」

やりたいことリスト				
1 ハワイ旅行	11	21	31	41
2 週2回ジムでトレーニング	12	22	32	42
3 社長賞をとる	13	23	33	43
4 絵の勉強をする	14	24	34	44
5	15	25	35	45
6	16	26	36	46
7	17	27	37	47
8	18	28	38	48
9	19	29	39	49
10	20	30	40	50

①ノートを５分割して、番号を振る

②やりたいこと、得たい状況を書き出す

サンプル

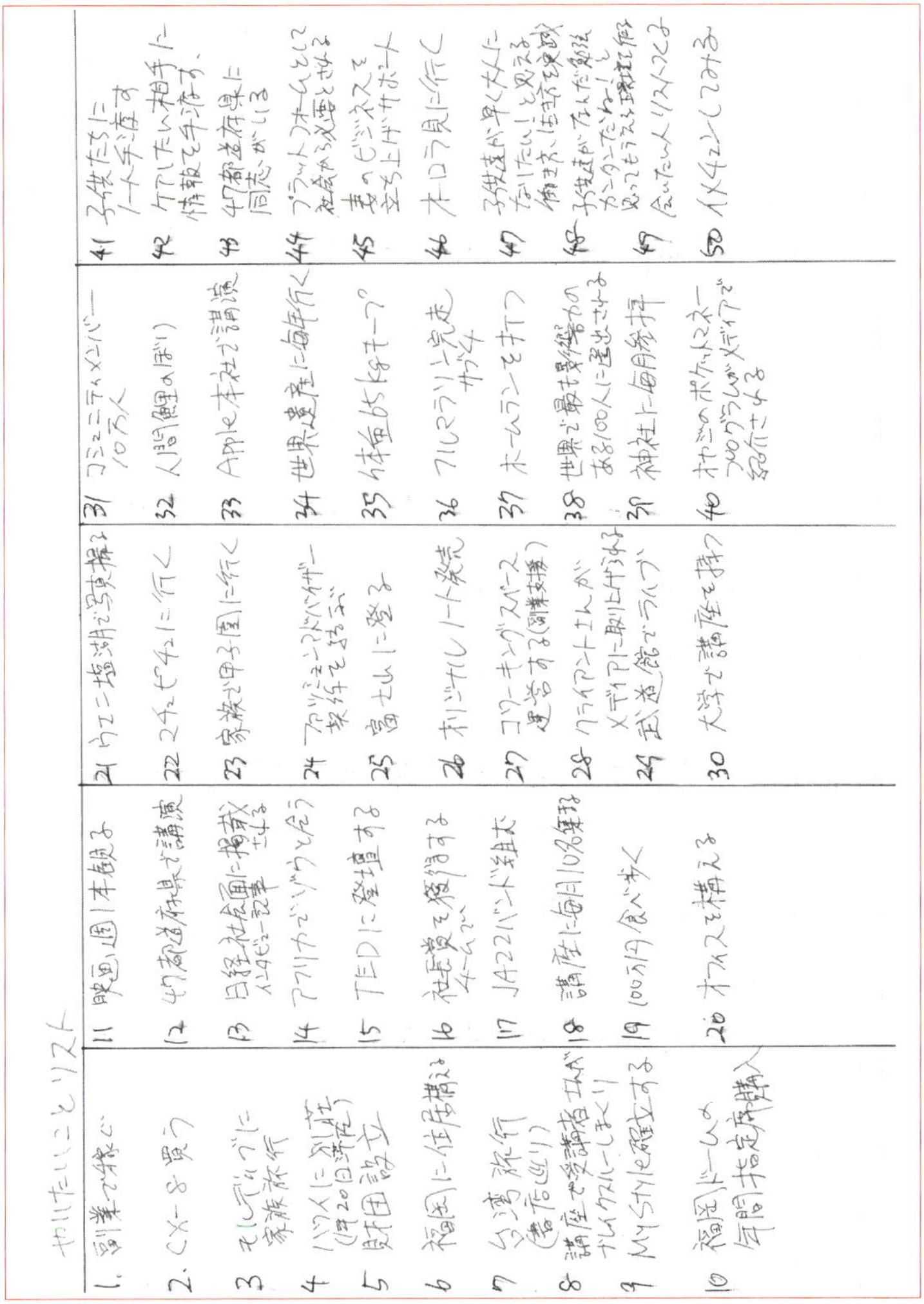
やりたいことリスト

1. 副業で稼ぐ
2. CX-8買う
3. モルディブに家族旅行
4. ハワイに別荘(年20日滞在)
5. 財団設立
6. 福岡に住居構える
7. 台湾旅行(書店巡り)
8. 講座で受講者さんがブレイクスルーしまくり
9. My style確立する
10. 福岡ドームの年間指定席購入
11. 映画週1本観る
12. 47都道府県で講演
13. 日経社会面に掲載 インタビュー記事 させる
14. アフリカでゾウと会う
15. TEDに登壇する
16. 社長賞を獲得する チームで
17. JAZZバンド組む
18. 講座に毎月10名集まる
19. 100万円食べ歩く
20. オフィスを構える
21. ウユニ塩湖で写真撮る
22. マチュピチュに行く
23. 家族で甲子園に行く
24. ファッションアドバイザー契約を結ぶ
25. 富士山に登る
26. オリジナルノート発売
27. コワーキングスペース運営する(副業支援)
28. クライアントさんがメディアに取り上げられる
29. 武道館でライブ
30. 大学で講座を持つ
31. コミュニティメンバー10万人
32. 人間鯉のぼり
33. Apple本社で講演
34. 世界遺産に毎年行く
35. 体重65kgキープ
36. フルマラソン完走 サブ4
37. ホームランを打つ
38. 世界で最も影響力のある100人に選出される
39. 神社に毎月参拝
40. オヤジのポケットマネープログラムがメディアで紹介される
41. 子供たちにノート手渡す
42. ケアしたい相手に情報を手渡す。
43. 47都道府県に同志がいる
44. プラットフォームとして社会から必要とされる
45. 妻のビジネスを立ち上げサポート
46. オーロラ見に行く
47. 子供達が早く大人になりたい!と思える働き方、生き方を実践
48. 子供達がなんだ勉強カンタンだね!と思ってもらえる環境を作る
49. 会いたい人リストつくる
50. イメチェンしてみる

にも気づくこともでき、今の自分に合った内容にアップデートすることができます。
これがノートを使うメリットです。
やりたいことを書き出すポイントは5つです。

①「やりたいこと」はどんなことでも書き出す

頭に浮かんだことはなんでもとりあえず書き出して頭の中をスッキリさせておきましょう。一度に書き出せなくても、追加・修正していけばOKです。

②「やりたいこと」はできる、できないで判断しない

やりたいことを書き出すときに、現在の自分の状況から書き出すと、あまり出てこなくなります。自分がやりたいこと、達成したいことをそのまま書き出しましょう。

「これは今の自分には無理だろう」と判断しないことが大事です。

③「やりたいこと」は感情に正直に書く

「～したい」ことを書き出します。書いてみたものの感情が動かないようなことは、

2本線で消しましょう。「〜しないと」「〜しなきゃ」という思いは不要です。

④「やりたいこと」はシーンを描く

やりたいことは、なるべく具体的にイメージしながら書きましょう。

たとえば、「親孝行したい」ではなく「月1回は電話する」にしたり「海外旅行に行きたい」ではなく「夏休みは毎年ハワイ」にしたり、具体的に書きましょう。

もちろんそこまで具体的に描けない場合でもそれはそれでOKです。

⑤「やりたいこと」は時間を決めて書く

たくさん書き出すのは時間がかかりそう、そのうちやろうとか、いつかやろうと先延ばしにしては意味がありません。10分で書き出せるところまで書く、と決めてやってみてください。時間があればいいものが出てくるわけではありません。毎日10分ずつ、1週間かけてやってみるとか、できることを積み重ねることが大切です。

POINT

・フレームを書いてから、やりたいことを書き出す
・書き出すときにできる・できないで判断はしない
・すぐに、時間を決めて書く

フレーム2 「やらないことリスト」のつくり方

やりたいことよりも大切な「やらないこと」を書き出す

本当に手に入れたいものを書き出したら、同時に「やらないこと」を書き出しておきましょう。

さまざまなやりたいことが見つかったとしても、人の時間は有限です。

本当に自分がやりたいこと、手に入れたいこと、成し遂げたいことにフォーカスするために、自分が「やらないこと」を決めておきましょう。

もちろん、何でもかんでもやめればいいというものではありません。好きなことをやめるという意味ではありません。手放すこと自体には抵抗感もあるのが普通です。手放すことから考え始めるのではなく、あなたが手に入れたいものがあるのに、その実現を阻害するものをピックアップするのです。

たとえば、あなたが健康に過ごしたい、規則正しい生活を送りたいのなら、それを阻害することをピックアップしましょう。

- 夜更かしをしない
- 夜遅くにカフェインは摂らない
- 体に悪いものは食べない
- ＳＮＳを見すぎない
- 飲み会は二次会に行かない
- 心配しすぎない

やらないことリストそのものが大切なのではなく、あなたの一番大切な資源である時間にフォーカスできているか、そうではないことに時間を使っていないか、が明確になることが大事なのです。

そのためには、「やらないこと」を裏返して、実際に「やること」つまり行動としておくことが欠かせません。

なぜなら、脳は否定語を理解できないので、「夜更かしをしない」と意識していても「夜更かし」に意識が持っていかれ、夜更かししちゃった……となってしまうからです。

「～しない」「～したくない」で終わらせず、「～する」「～である」という肯定の言葉に置き換えておきましょう。

・夜更かしをしない　↓　24時までに就寝する
・夜遅くにカフェインは摂らない　↓　19時過ぎたらカフェインレスにする
・体に悪いものは食べない　↓　ファストフードは週1回にする
・SNSを見すぎない　↓　SNSは夕方の帰宅中にチェックする
・飲み会は二次会に行かない　↓　飲み会は21時になったら退席する

フレーム2「やらないことリスト」

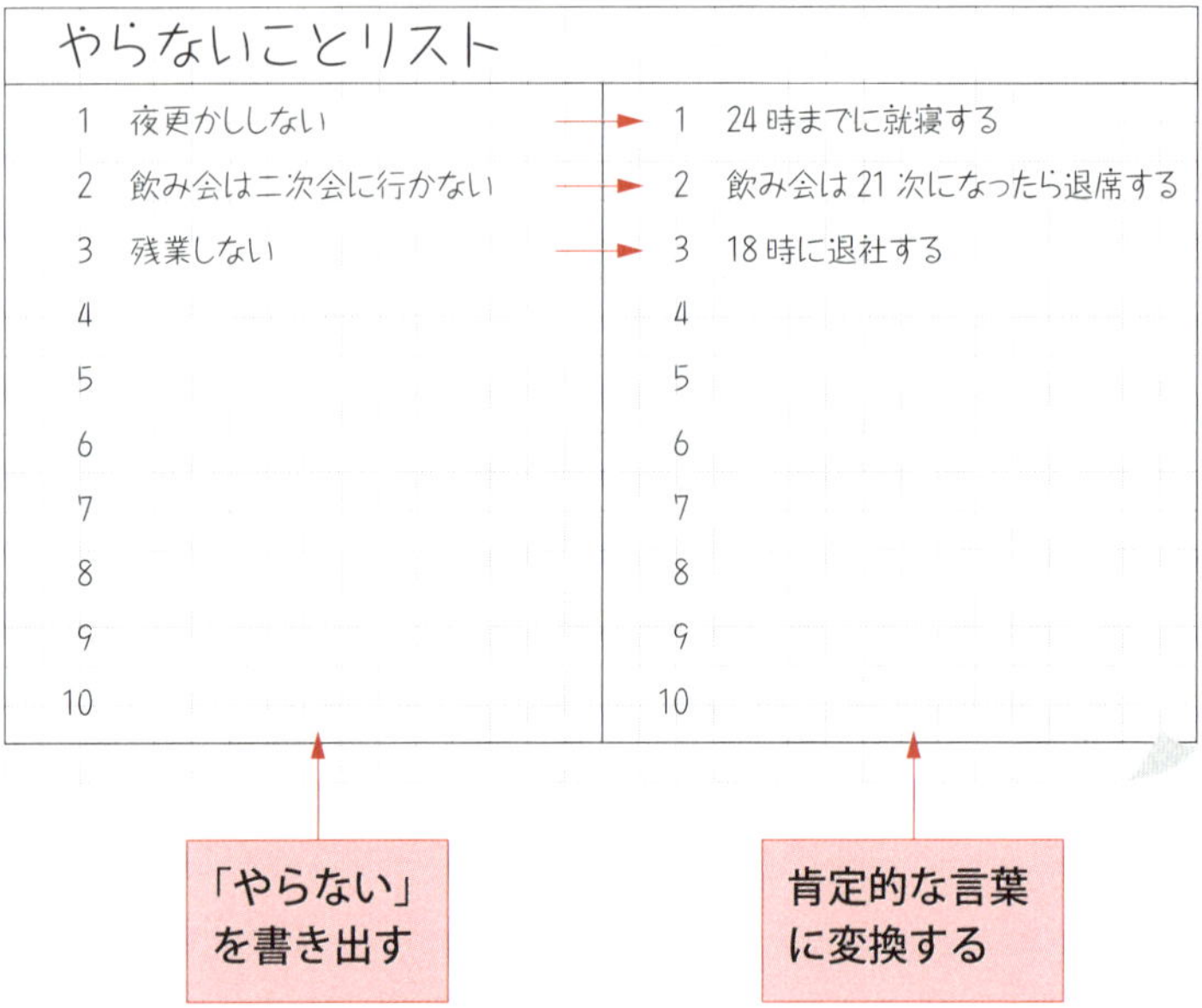

①ノートを縦に2分割する

②左側にやらないことを書き出す

③書き出した言葉を「肯定語」に変えて右側に書く

サンプル

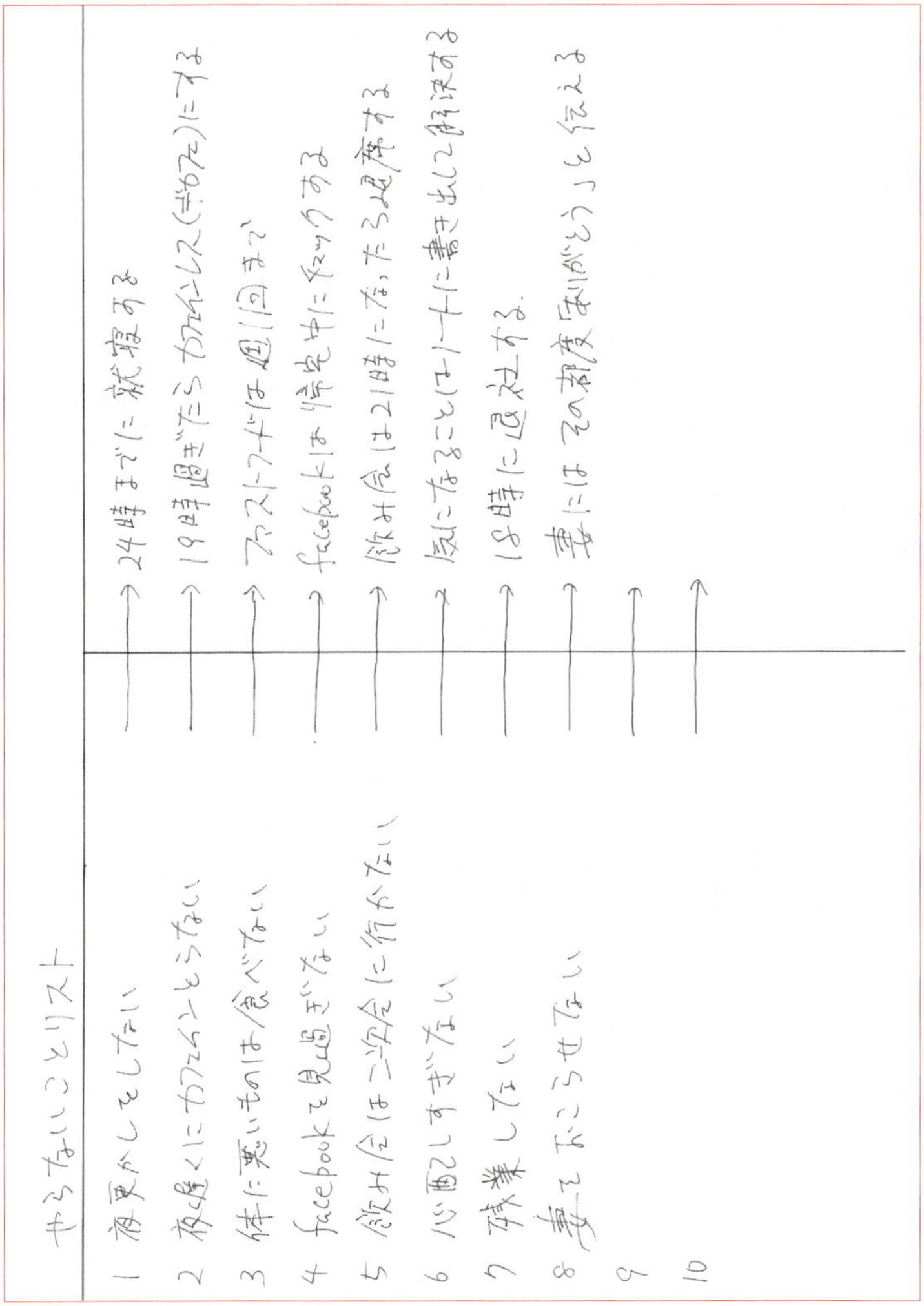
やらないことリスト

1 夜更かしをしない → 24時までに就寝する
2 夜遅くにカフェインをとらない → 19時過ぎたらカフェインレス(デカフェ)にする
3 体に悪いものは食べない → ファストフードは週1回まで
4 facebookを見過ぎない → facebookは帰宅中にチェックする
5 飲み会は二次会に行かない → 飲み会は21時になったら退席する
6 心配しすぎない → 気になることはノートに書き出して解決する
7 残業しない → 18時に退社する
8 妻を怒らせない → 妻にはその都度「ありがとう」を伝える
9 →
10 →

・心配しすぎない　↓　悩み事が浮かんだらノートを開いて書く

ほかにもたとえば、「妻に毎日朝と夜2回ありがとうと伝える」ではなく、「妻を怒らせない」といった自分の行動に置き換えることが大切です。

このやらないリストもあらかじめフレームをセットしてから書き出すことがポイントとなります。

ノートを縦に2分割して左側に1〜10の数字を振っておき、真ん中の線をはさんで矢印を右の枠に向けて引いておきましょう。所要時間は1分程度です。

やらないことを10個（10個も出てくれば十分です。2、3個でもOK）書き出したら、矢印の右側に向かって、やることに変換してみてください。

POINT

・やらないことを書き出す
・書き出すときはフレームをセットして始める

フレーム3「ビジョンと目標」のつくり方

やりたいことを整理する

今度は、リストアップしたやりたいことを整理します。
ポイントは、時間軸で3つに分けることです。

1 「1年以内に実現したいこと」
2 「3年以内に実現したいこと」
3 「いつか実現したいこと」

ここでもフレームをセットしてから始めます。

ノートを縦に3分割して、各枠には1〜10の数字を振ります。

所要時間1分半程度です。

左から「1年以内」「3年以内」「いつか」とタグをつけたら、先のページに記入したやりたいことをピックアップしていきます。

まず「1年以内」に10個ピックアップして記入します。

もちろん10個でなくてもOK。最大10個ピックアップした時点で、次の「3年以内」に10個ピックアップしてください。

そして最後に残った「いつか」ですが、この「いつか」は記入してもしなくてもOKです。

なぜならば、やりたいことリストに残っているものが「いつか」やりたいことですし、「いつか」ではなく「1年以内」のやりたいことをあぶり出すことが目的だからです。

フレーム3「目標」をつくるやりたいことの整理

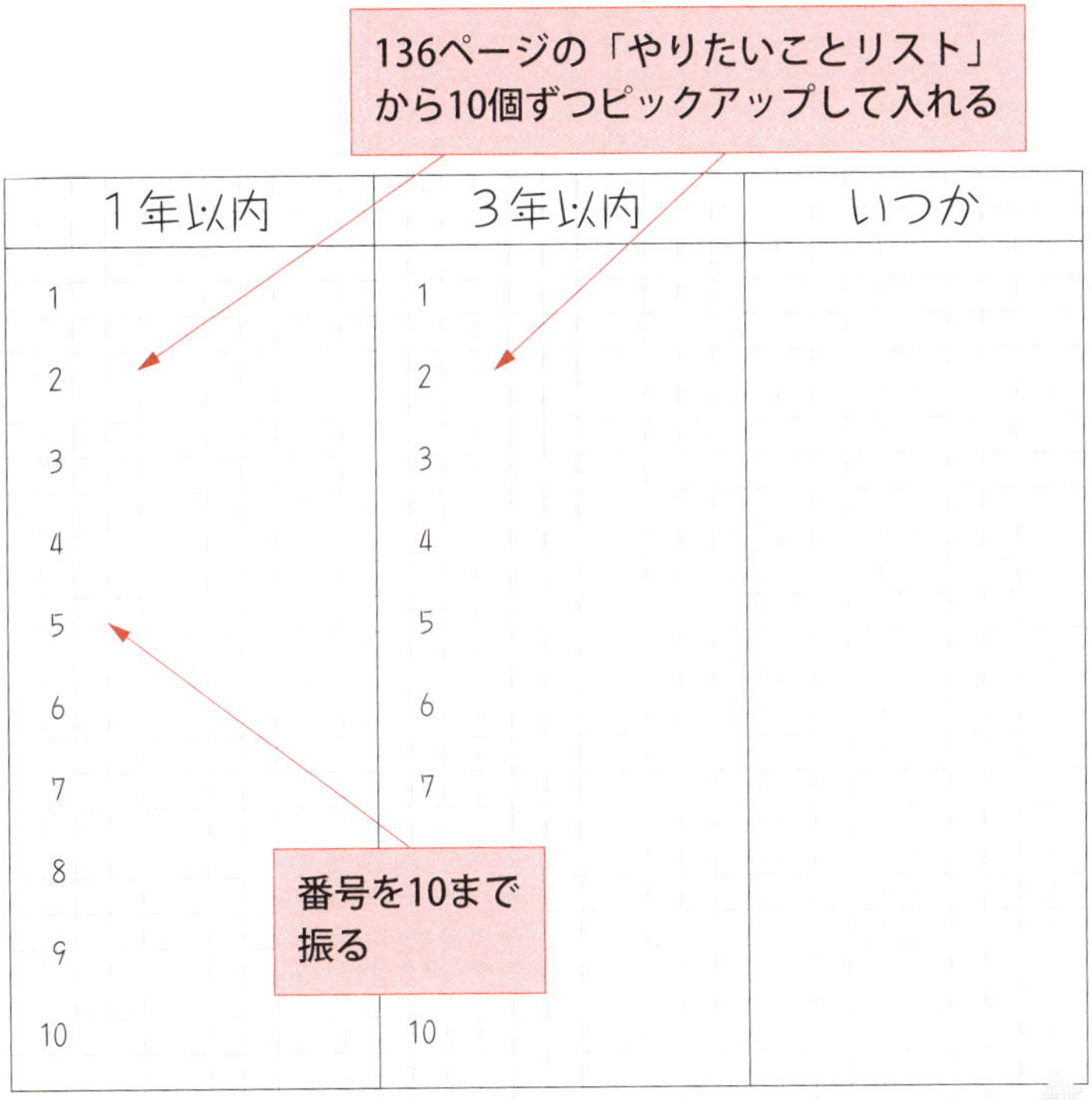

①ノートを3分割して、「1年以内」「3年以内」「いつか」のフレームをつくる

②先ほど書いた「やりたことリスト」から10個ずつピックアップして書き込む

POINT いつかは記入しても、しなくてもOK

サンプル

1年以内	3年以内	いつか
1 副業で稼ぐ	1 オフィスを構える	
2 モルディブに家族旅行	2 コワーキングスペース運営する	
3 MyStyle確立	3 47都道府県に同志がいる。講演する	
4 チームで社長賞を獲得する	4 CX-8買う	
5 神社に毎月参拝	5 ウユニ塩湖とマピュピチュに行く オーロラも	
6 会いたい人リストつくる	6 プラットフォームとして社会に必要とされる	
7 講座に毎月10名集まる	7 オヤジのポケットマネープログラムがメディアに取材される	
8 オリジナルノート発売	8 妻のビジネスを立ち上げる	
9 受講者がブレイクスルーしまくる	9 福岡にも住居構える	
10 インタビュー記事が日経に掲載	10 アフリカでゾウと会う	

目標を決める

1年以内にはどうしても実現したいことの中から、「これだ！」という1つを選びます。

あれもこれもではなくフォーカスする1つを選んでください。

「これが実現できたら最高！」という1つです。

「本当にこれでいいんだろうか？」と悩むようなら、それは本当にやりたいことではないかもしれません。

その場合は、やりたいことの方向性が見えてきてからでも大丈夫です。

もし、やりたいことがたくさんありすぎて悩むというなら、仮にでもいいので前に進む方向性を決めてみてください。

やってみないと、「これは違うな」ということにも気づきませんし、変えていってもいいのです。まずは決めることで、動かし始めることです。

ビジョンを描く

ノートの新しいページを開き、1行目に目標を書き出したら、残りのスペース全部を使って、その目標を達成することであなたが実現する、手にする世界、ビジョンを描き出してみましょう。

ビジョンはキャッチフレーズ的な文言だけでなく、それを具体的に表すシーンを書き出すことがポイントです。

そのシーンは文章で書いても、イラストでも、画像を貼るのでもＯＫです。その際、第1章でもお伝えしたように「臨場感」のあるビジョンを描くことを忘れないでください。

私のビジョンは、一言で言うと「カッコいいオヤジ10万人のコミュニティをつくる」です。

それを具体的にしたシーンとしてこんな描写を書き入れています。

〝エアコンが入っていてもちょっと汗ばむようなある夏の日の週末、午前10時。東京・渋谷のセミナールームには100名のオヤジが集っている。

今日は全国カッコいいオヤジ会議が開かれる日だ。

今回でついにメンバーが10万人を突破したと報告を受けていたので、やや緊張した面持ちで会場に入る。すでにみんな勝手にワイワイと興奮した面持ちでお互いの近況報告を行っている。


「俺は今月ついに副業で20万円という目標を達成したよ！」

「おー、おめでとう！」湧き上がる拍手の音。

「いい感じでPDCAノートの講座を開催できたよ」

「おー、やるじゃん！」


気の置けない仲間、同志がいることの喜びを感じながら、演台に向かう。

全国の会場をつないだモニター画面の先には10万人のカッコいいオヤジたちの姿が見える。〟

私も「自分は何のために今頑張っているんだっけ？」と迷ったときは、いつもこのページに立ち返るようにしています。

ビジョンはかかげないと何も始まりません。もちろん最初から完璧なイメージでなくても大丈夫。ノートを新しくする度にブラッシュアップしていけばいいのです。

その目標を達成することで実現するあなたの理想の未来の1シーンのビジョンを描いてみてください。

POINT

・やりたいことを整理する「1年以内」「3年以内」「いつか」
・「これだ！」という目標を決める
・その目標を達成することであなたが実現する、手にする世界、ビジョンを描き出す
・臨場感のあるビジョンを描く

サンプル

ビジョン：私の講座の受講者がみんなブレイクスルーしまくり「最高です！」と笑顔になる！

エアコンが入っていてもちょっと汗ばむような夏の日の週末、午前10時
渋谷のセミナールームには100名を越えるオヤジが集っている。
今日は全国カッコイイオヤジ講座の定例ミーティングの日だ。
今日ついに受講メンバーが10万人を突破したと報告を受けていたので
やや緊張した面持ちで会場に入る。
すでにメンバーが勝手にワイワイガヤガヤ興奮した面持ちで
お互いの近況報告を行っている声が聞こえてくる
「俺は今月ついに副業で20万円達成したよ！」
「おーおめでとう！」湧き上がる拍手の音。
「僕もいい感じでPDCAノート講座を開催できたよ！」
「おーやるじゃん！」
気のおけない仲間、ビジョンを共にする同志がいることの喜びを
胸にかみしめながら、演台に向かう私。マイクを右手に持つ。
全国47ヶ所の会場をつないだモニターの先には
10万人のカッコイイオヤジたちの姿が見える。見えていたのに
目の前がボンヤリするのは、ほほに伝わった涙のせいかな「皆さん、おはようございます！」

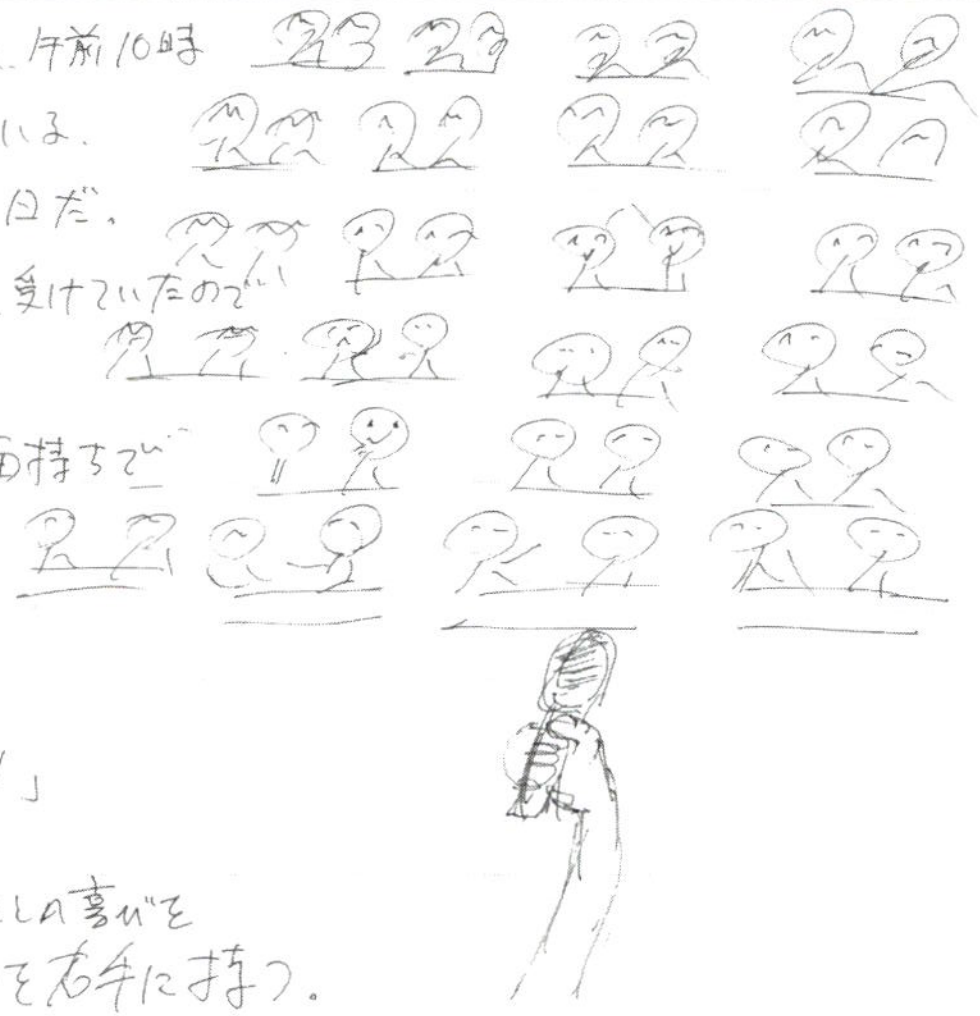

フレーム4
「年間計画GPS」をセットする

計画のつくり方

1年以内に実現したい目標が決まったら、いよいよ計画に落とし込んでいきます。

達成したい期日から逆算して、この四半期3カ月間では何をするのか、今月は何をやるのか、今週は何をするのか、今日は何をするのかまで逆算して落とし込みます。

これは「予定」にするために必要なプロセスです。

①年間計画をGPSでセットする

②四半期3カ月の計画をGPSでセットする
③具体的な予定に落とし込む
④デイリー目標達成PDCAノートで今日の予定を実行、振り返る
⑤ウィークリーレビューで振り返り、軌道修正する

年間計画GPSをセットする

この①のGPSでセットする計画レベルは、ざっくりですが、具体的に何をすればいいのかわかっている必要があります。GPSのセット方法はこちらになります。

G：1ゴール：ビジョンの実現のための1ゴールを設定する
P：3ポイント：それを実現する3ポイントが何なのかを決める
S：3ステップ：各ポイントでゴールの実現に必要な3ステップ（手順）を決める
（高橋政史著『100のスキルよりたった1つの考え方で仕事が変わる』より）

たとえば、あなたの会社でのリーダー職への昇進条件としてTOEIC700点以上という項目があるとします。やりたい仕事があって、どうしても昇進したいあなたにとって半年後のTOEIC試験は絶好のタイミングだと考えている——。

このGPSをつくってみましょう。

1ゴール　TOEIC700点を取得

3ポイント　①勉強時間は120時間
②公式問題集を徹底活用
③ディクテーションに集中

3ステップ　①1カ月で20時間→1週間で5時間→1日1時間
②模擬試験3回→間違い箇所の原因分析→復習ノートを10回解き直す
③オーバーラッピング&リピーティング→リピーティング→毎日聞いて発音する

こういったレベルでOKです。ノートは次のようにフレームをセットします。

まず縦に6分割します。2分割してそれぞれ3分割するとよいでしょう。

横は3分割します。

一番左の枠を残して2番目の枠から6番目の枠は、それぞれ横に3分割します（次ページのイメージ参照）。所要時間は1分半から2分程度です。

まず、1行目が1ゴールです。

そして、左の枠から3ポイント、3ステップ、そして残り4枠は期間です。

最初の3カ月、次の3カ月、半年後の3カ月、1年後の3カ月の4枠。

期間は、今月が1カ月目です。それから1枠ごとに3カ月ずつ1年後までを記入しておきます。

最初に記入するのはゴールです。いつ達成するか期限を決めましょう。

たとえばTOEICのテストなど外部から日程を決められているもの以外は、自分で決めればいいのです。1年以内に達成したいことのゴールが1年後である必要はありません。

年初に立てる今年の目標のゴールは、半年後でも3カ月後でもいいのです。

フレーム４「年間計画 GPS」

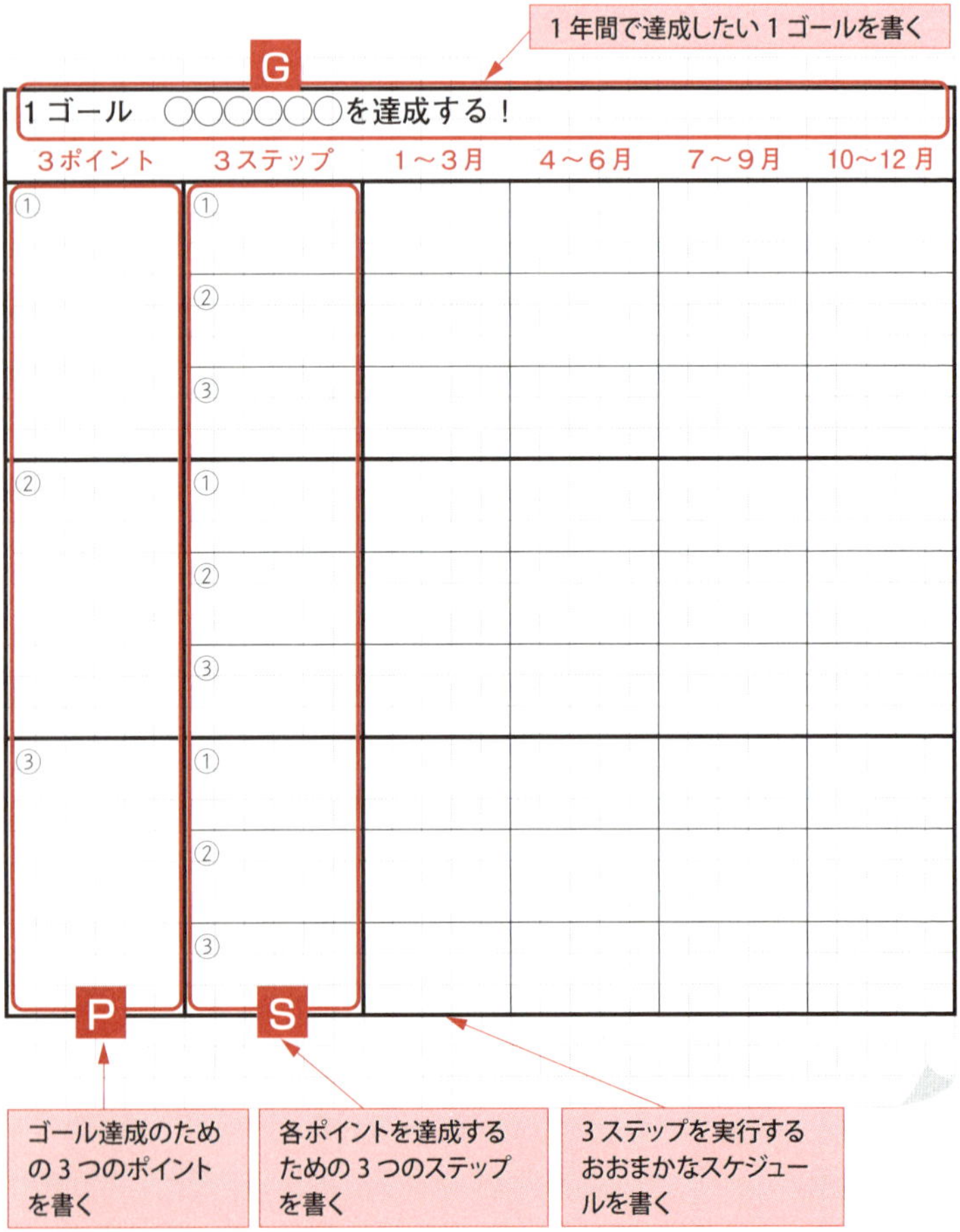
1年間で達成したい1ゴールを書く
G
1ゴール　〇〇〇〇〇〇を達成する！
3ポイント
3ステップ
1～3月
4～6月
7～9月
10～12月
①
②
③
①
②
③
①
②
③
①
②
③
P
S
ゴール達成のための3つのポイントを書く
各ポイントを達成するための3つのステップを書く
3ステップを実行するおおまかなスケジュールを書く

サンプル

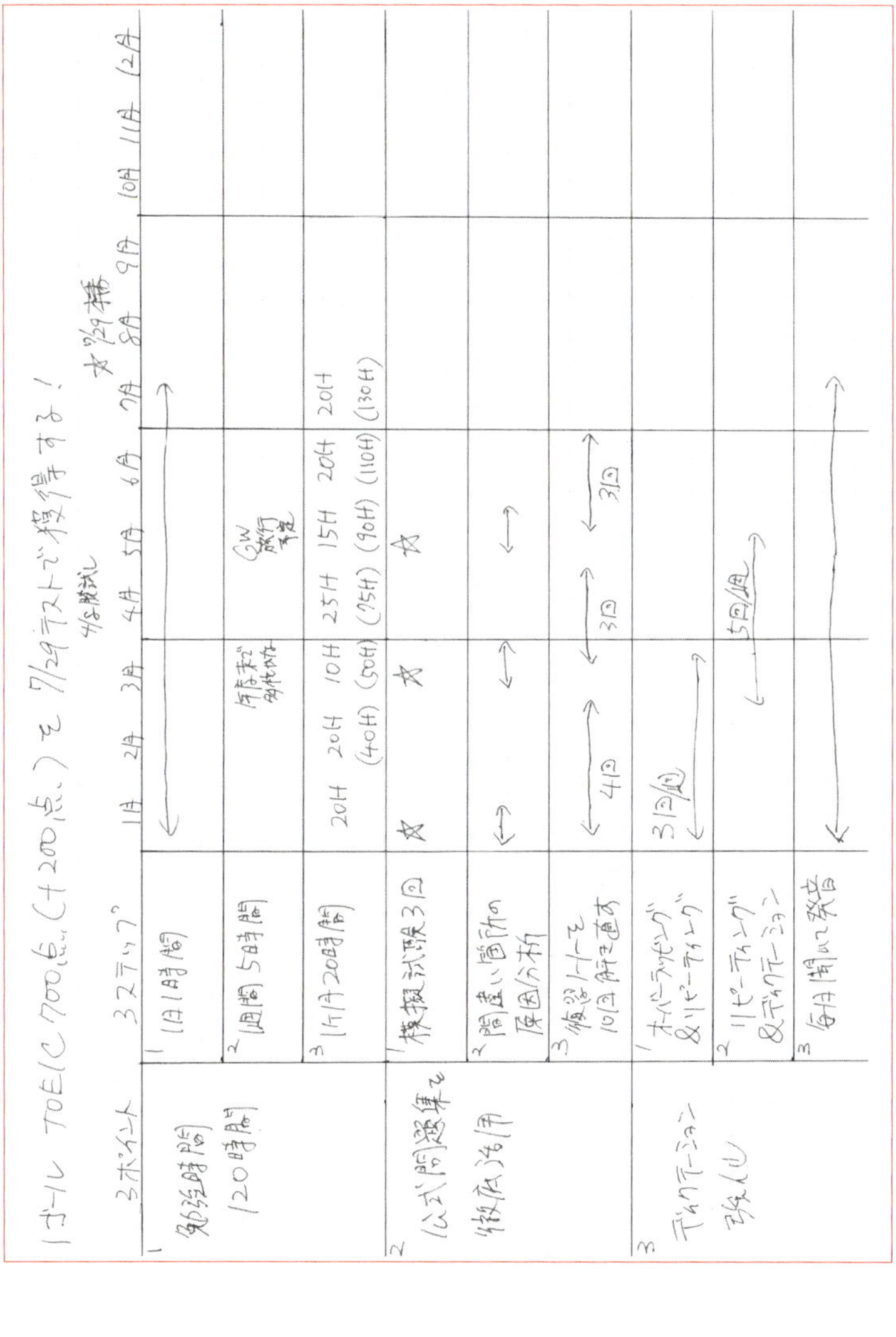

1ゴール TOEIC 700点（+200点）を7/29テストで獲得する！

4/8腕試し　★7/29本番

3ポイント	3ステップ	1月	2月	3月	4月	5月	6月	7月	8月	9月	10月	11月	12月
1 勉強時間120時間	1 1日1時間												
	2 週間5時間			年度末で忙しいかな		GW旅行予定							
	3 1ヶ月20時間	20H	20H (40H)	10H (50H)	25H (75H)	15H (90H)	20H (110H)	20H (130H)					
2 公式問題集を徹底活用	1 模擬試験3回	★		★		★							
	2 間違い箇所の原因分析												
	3 復習ノートを10回解き直す	4回			3回		3回						
3 ディクテーション強化	1 オーバーラッピング&リピーティング	3回/週											
	2 リピーティング&ディクテーション				5回/週								
	3 毎日聞いて発音												

次に記入するのが、3ポイント。この目標を達成するために必要な3つのポイントを決めます。

そして、それぞれの3ステップを記入したら、期間欄に、いつ頃それを行うのか矢印を引いていきます。ざっくりで大丈夫です。

これをポイント2とポイント3についても行います。フレームはボールペンで記入して、内容は消すことができるフリクションペンや鉛筆などで書くのがオススメです。

大切なのは正解を探して立ち止まるのではなく、「これかな」と仮説を立てる気持ちでまず決める。そして先に進めること。あとは日々のPDCAを回しながら軌道修正していけばいいのです。

POINT

・年間計画を1ゴール、3ポイント、3ステップでノートに書く

フレーム5 「四半期3カ月計画GPS」をセットする

年間計画をさらに落とし込む

その次は、「四半期3カ月計画GPS」をセットします。

ここでは年間GPSで書き出した3ステップをより具体的な行動として3アクションまで落とし込みます。アクションも「3」という数字のフレームを活用します。

G：1ゴール：ビジョンの実現のための1ゴールを設定する

P：3ポイント：それを実現する3ポイントが何なのかを決める

S：3ステップ：各ポイントでゴールの実現に必要な3ステップ（手順）を決める

A：3アクション：各ステップで実際に行う3つの行動

この四半期3カ月間の間で、この月のこの週からこの週あたりでやる、とざっくり見当をつけて計画します。

このレベルでは、計画したけど想定外のことに時間を取られてしまって……なんてことにならないように、仕事の繁忙期であったり、家族のイベントであったり、計画を進めるにあたり時間と体力を奪われ阻害要因となりそうなことを考慮に入れましょう。バッファーを入れながら、少し余裕のあるスケジュールにしていくことが大切です。

ノートは次のページのようにフレームをセットします。

まず、GPSと同じように線を引いてください。

1行目が1ゴールです。

そして、左の枠から3ポイント、3ステップまではGPSと同じです。

フレーム5「四半期3カ月計画GPS」

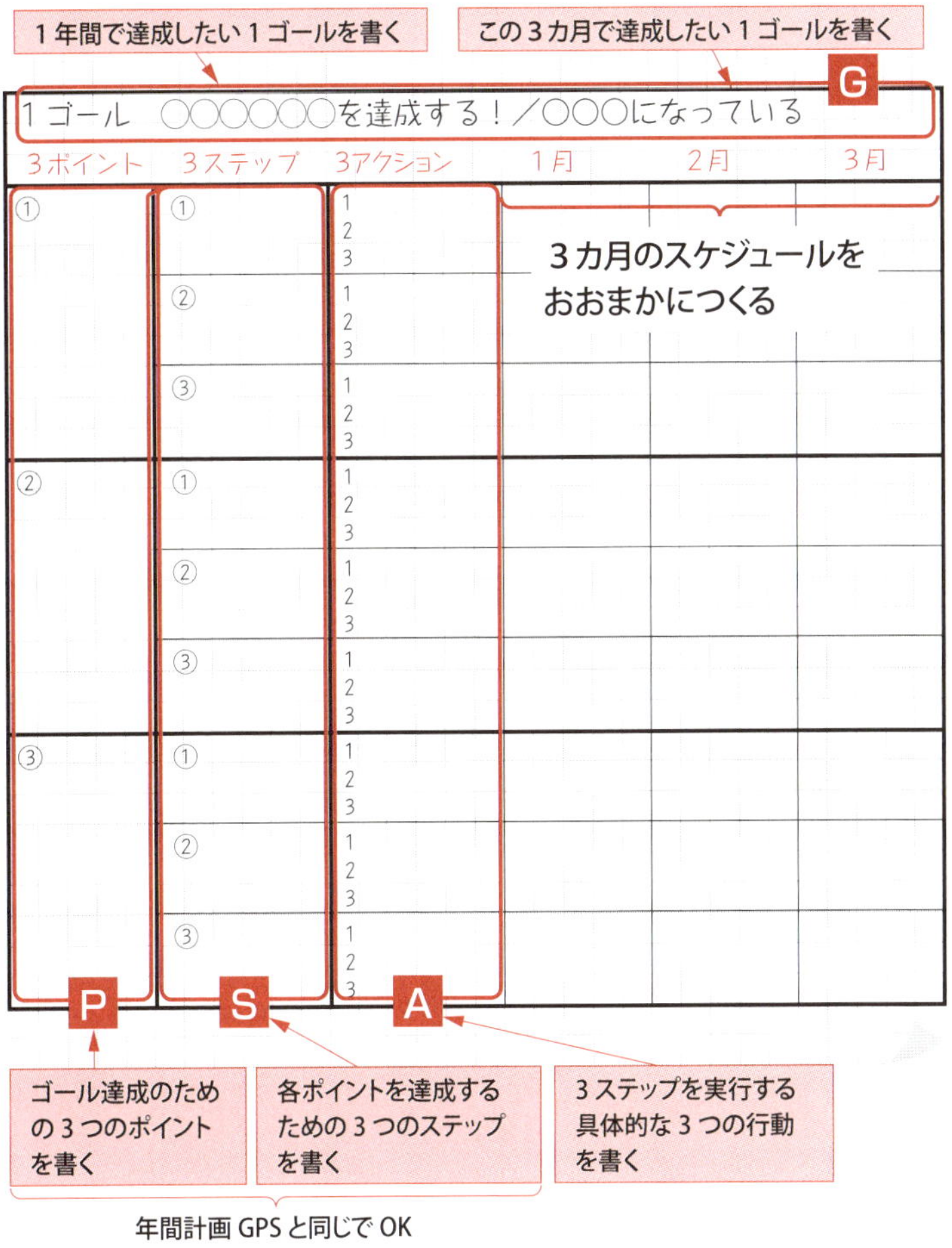
1年間で達成したい1ゴールを書く
この3カ月で達成したい1ゴールを書く
G
1ゴール　〇〇〇〇〇〇を達成する！／〇〇〇になっている
3ポイント
3ステップ
3アクション
1月
2月
3月
3カ月のスケジュールをおおまかにつくる
P
S
A
ゴール達成のための3つのポイントを書く
各ポイントを達成するための3つのステップを書く
3ステップを実行する具体的な3つの行動を書く
年間計画GPSと同じでOK

次が3アクションとなり、残り3つの枠が期間となります。

期間は最初の1カ月、2カ月目、3カ月目とこの四半期3カ月となります。

記入の際、1ゴールは、年間ゴールから3カ月では「この程度実現したい」というものを追記してください。PとSは1年間GPSをそのまま転記して、この3カ月に必要なアクションを追加します。この3カ月になんのアクションもないステップがあるかもしれませんが、それでもOKです。


やっていくうちに前倒しになれば、追加していけばいいだけ。

またあらかじめフレームに記入しておくことで、それ以外のことをやろうとすることを防ぐこともできます。

それをやるくらいだったら、こっちを前倒ししてやってみよう、ということに気づくことができる仕組みにもなっています。

サンプル

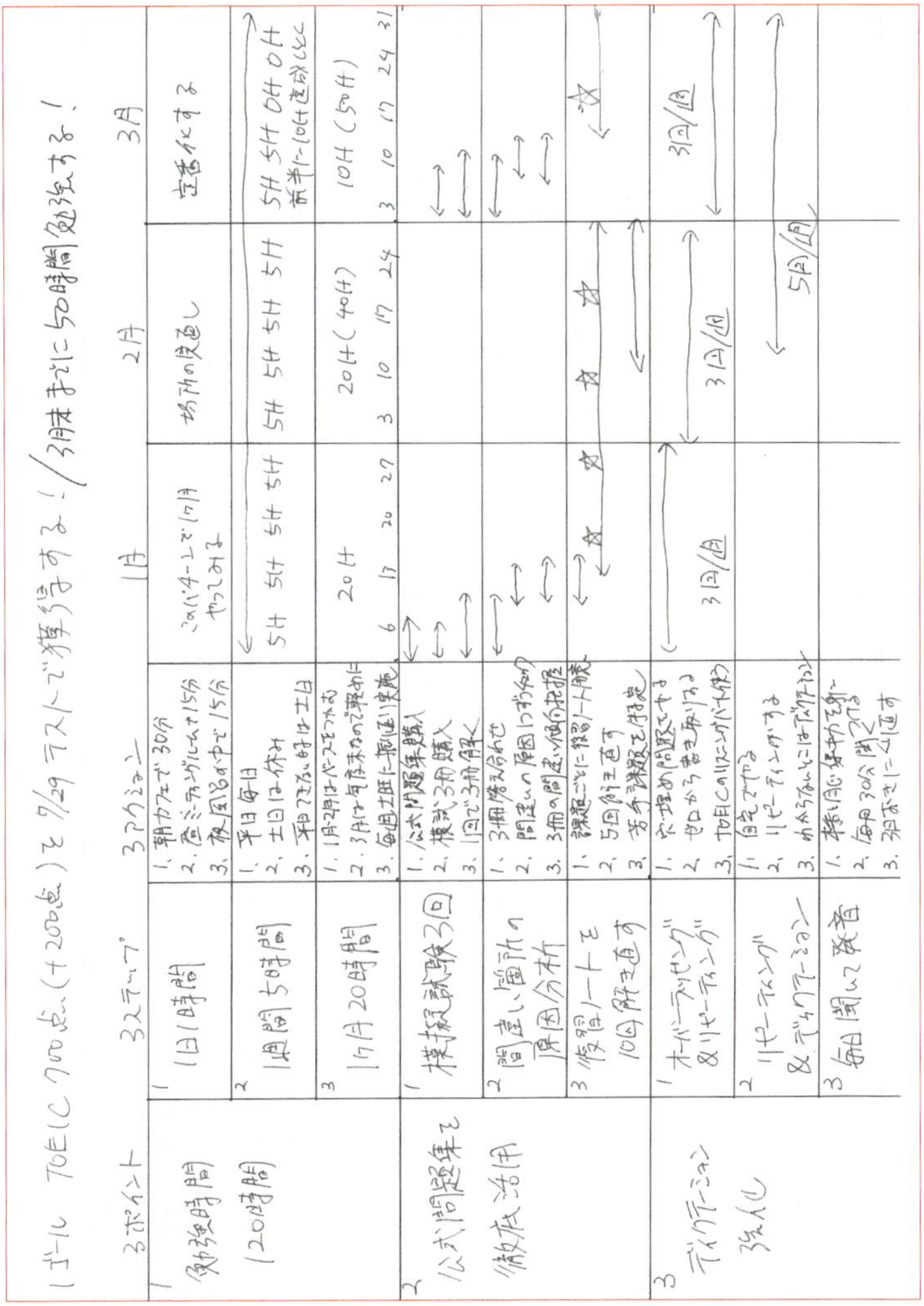

1ゴール TOEIC 700点（＋200点）を7/29テストで獲得する！／3月末までに50時間勉強する！

3ポイント	3ステップ	3アクション	1月	2月	3月
1 勉強時間 120時間	1 1日1時間	1. 朝カフェで30分 2. 昼ミーティングルームで15分 3. 夜風呂の中で15分	このパターンで1ヶ月やってみる	場所の見直し	定番化する
	2 1週間5時間	1. 平日毎日 2. 土日は休み 3. 平日できない時は土日	5H 5H 5H 5H	5H 5H 5H 5H	5H 5H 0H 0H 前半に10H達成しとく
	3 1ヶ月20時間	1. 1月・2月はペースをつかむ 2. 3月は年度末なので軽めに 3. 毎週土曜に振り返り実施	20H 6 13 20 27	20H（40H） 3 10 17 24	10H（50H） 3 10 17 24 31
2 公式問題集を徹底活用	1 模擬試験3回	1. 公式問題集購入 2. 模試3冊購入 3. 1回で3冊解く			
	2 間違い箇所の原因分析	1. 3冊答え合わせ 2. 間違いの原因1つずつ分析 3. 3冊の間違い傾向把握			
	3 復習ノートを10回解き直す	1. 課題ごとに復習ノート作成 2. 5回解き直す 3. 苦手課題を特定			
3 ディクテーション強化	1 オーバーラッピング&リピーティング	1. 穴埋め問題でやる 2. ゼロから書き取りする 3. TOEICのリスニングパート使う	3回/週	3回/週	3回/週
	2 リピーティング&ディクテーション	1. 自宅でやる 2. リピーティングする 3. わからないとこはディクテーション		5回/週	
	3 毎日聞いて発音	1. 本番と同じ集中力を身につける 2. 毎日30分聞く 3. 3日おきに見直す			

計画を予定に変換する

計画を立てただけでは絵に描いた餅です。

目標を達成するには実行する必要があります。

実行するためのトリガーが「予定」にすることです。

「いつかやろう」を「今月やろう、今週やろう」と落とし込みましたが、次は「今週のいつやるのか？」を決めるのです。このとき、タスクリストやTODOリストに入れるのではなく、具体的な「予定」にしてください。

このプロセスでは、あなたが普段からお使いの手帳やカレンダーアプリで行ってください。今週やることから、この先1カ月くらいの予定を明確にしましょう。

予定する際のポイントは、あなたが実際に行動するときの「環境」を明確にすることです。

予定するということは、「いつ」と「どこで」という時間と場所をセットで明確にする必要があります。

◎いつやる?

いつ＝何時と書きます。何月何日の何時から何時までやるかの具体的な時間を決めてください。

「この辺でやろう」とか、「隙間時間でやる」といったものは予定になっていませんので、実行できない可能性が高くなります。

◎どこでやる?

その予定をどこでやりますか? 自宅のリビングですか? 書斎でしょうか? それとも出社前の駅前のカフェですか? 会社の昼休みのミーティングルームでしょうか? 場所が決まっていないと体が動かないので、行動できない可能性が高くなります。

この2ポイント以外にも、次の2つも必要に応じて押さえておきましょう。

◎誰とやる？

1人でやることであればいいのですが、誰か相手がいることであれば、そのことも明確にしておきましょう。私は記号で「w／○○さん」と明記しています。

◎何を使う？

手帳は見るけど、そのときに使うツールを忘れるとか、見るのを忘れてしまう、なんてことがあります。忘れることが前提だと思っていたほうがいいです。だからタイトルにも一工夫してみてください。

例：やることリスト書く（ノート持参）＠○○駅のスタバ

本書は手帳術の本ではないので、手帳の使い方には大きく触れませんが、私の場合、予定はGoogleカレンダーに会社のOutlookを連動させて一元管理しています。デジタルならではの使い勝手を活かして、1ゴールに関連する予定は色を分ける、という工夫を行っています。

そうすることで、パッと見て1ゴール関連予定がどの程度時間を割いているのかが目に見えてわかり便利です。

ここまで決めたら、あとは毎日の行動です。目標達成PDCAノートを記入して、日々のPDCAを回していきながら、予定の修正・追加を行っていくだけです。

週の振り返りのやり方については次章でご紹介していきます。少なくとも毎週1回は振り返りを行うことで、来週以降の予定を見直して軌道修正していきましょう。

POINT

- **四半期3カ月計画をGPSでセットし、アクションを明確にする**
- **計画は予定に変換して、自分とのアポを手帳に記入する**
- **予定は、「いつやる？ どこでやる？」を明確にする**

ゴールに向けてノートをアップデートする

目標達成PDCAノートでは、新しいノートに変えるタイミングで、目標ややりたいことリストをアップデートしていくことができます。

月末のキリがいいタイミングでぜひとも、新しいノートを用意しましょう。残ったページがあっても余白を残して、新しいノートで新しい月を始めましょう。

ノートのページ数によりますが、毎月か、2、3カ月ごと新しいノートで1ページ目を始めるわけですから、当然、「やりたいこと」「やらないこと」「ビジョン」「目標」「計画」とそれぞれのフレームを書き出すことになります。

これは面倒だからと以前のノートから切り取って貼り付けたりしないでください。印刷したものを貼り付けるのもオススメできません。

なぜかというと、それは私の経験でも、やりたいことに取り組んでいるはずなのに、以前の目標になんだかしっくりしなくなることが出てくるのです。

それはとりもなおさず、あなた自身が成長したことや、あなたのステージが変わってしまっていることで、「過去の自分」視点で決めた目標に違和感を感じてしまうからです。


ですから、**毎月成長した「今」のあなたの視点で、「ゼロから」やりたいことを書き出し始めることが大切です。**


先月のリストを書き写さないでください。

思い出せない時点で今のあなたには、どうでもいいことだと判断すればいいのです。やりたいことだったのにどうでもよくなっていたり、感情が全然動かなくなっていたり、以前は思ってもいなかったことがやりたいことにリストアップされたり、その変化を確認するために以前のノートと比較するのはＯＫです。

もちろん、目標そのものが置き換わってもＯＫです。

やってみた結果、これは目指す方向と違うということは普通に起こり得ます。

たとえば私も一時期アフィリエイトに取り組んでみたけど、やりたいことではなかったな、と気づけたのでやめたという経験があります。

そして、何よりあなた自身がアップデートし続けているわけですから、古い目標は捨てて、新しい目標に切り替えるのもＯＫなのです。

毎日の実践と毎週の振り返りで軌道修正しながら、毎月その変化を実感する。そんな１冊のＰＤＣＡノートを積み重ねてみてください。

POINT

・新しいノートで新しい月を始める
・毎月成長した「今」の視点で、「ゼロから」やりたいことを書き出す

第4章

毎日の行動が変わる！
デイリー目標達成PDCAノート

フレーム6「デイリー目標達成ＰＤＣＡノート」の書き方

日々の行動を目標達成に向けるフレーム

前章で、目標・計画・行動・予定まで落とし込めた状態です。

あとは、日々目標に向けて行動をし続けるだけです。そして、毎週の振り返りで軌道修正を図っていく実践プロセスとなります。

この章では、日々目標に向かって行動していくためのフレーム６「デイリー目標達成ＰＤＣＡノート」の回し方をお伝えしていきます。日々、目標達成のために行動をするためのフレームになるので、ぜひ実践していきましょう。

まずは、Ａ４方眼ノートを横置きにしてください。

PDCAノートのフレームをつくる

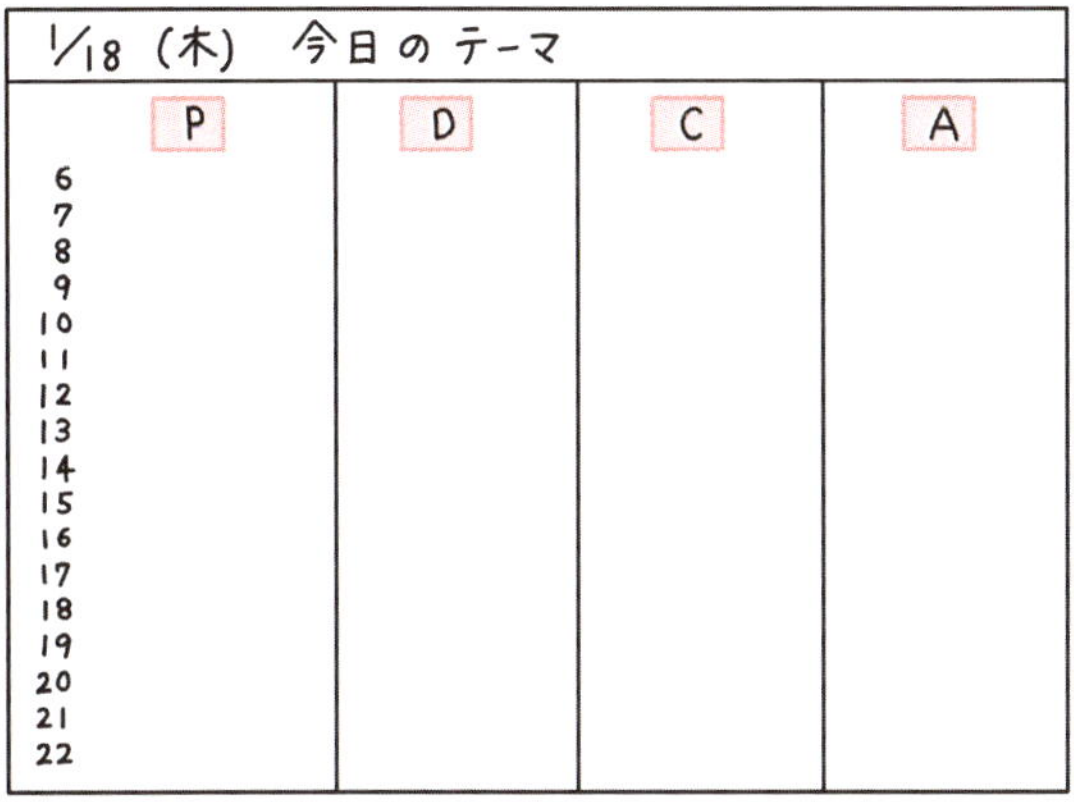

次に、一番上から3センチの箇所に水平線を1本、その下を四等分になるよう3本垂直に線を引きます。

一番上に書くのは、今日のゴールとなる題名・タイトルです。

「その実現のために、今日は何をするのか?」「どんな目標を達成したいのか?」がひと目でわかるように題名をつけてください。ポイントは、あれもこれもではなく、1ゴールからブレないことです。

3つの縦線で分割された4つの枠(フレーム)ができ上がったはずです。

今度は、左から順番に「P」「D」

「C」「A」と、各フレームの一番上のところに書いて、タグ付けしておきます。

タグは、書いていく内容とごっちゃにならないように、四角で囲んでおくとわかりやすいです。もちろん、慣れてくればタグは書く必要はありません。

最初はタグを付けておいたほうが書きやすく、見直すときもわかりやすいので、書いておくことをオススメします。こうしたタグ付けもフレームの力です。

2本の線が行動を生み出す

デイリー目標達成PDCAノートでは、さらにあと2本の線を引きます。

「P　計画」と「D　実行・実績」の枠に垂直の線を引き、2分割するのです。

線を引くときは、実線だとごちゃごちゃするので、破線や緑などの薄い色で線を引くと、左右の見分けがつきやすくなります。これで準備はOKです。

慣れてくればこの左右の分割線がなくても見分けがつくようになります。

これがデイリー目標達成PDCAノート最大のポイントです。

フレーム6「デイリー目標達成PDCAノート」

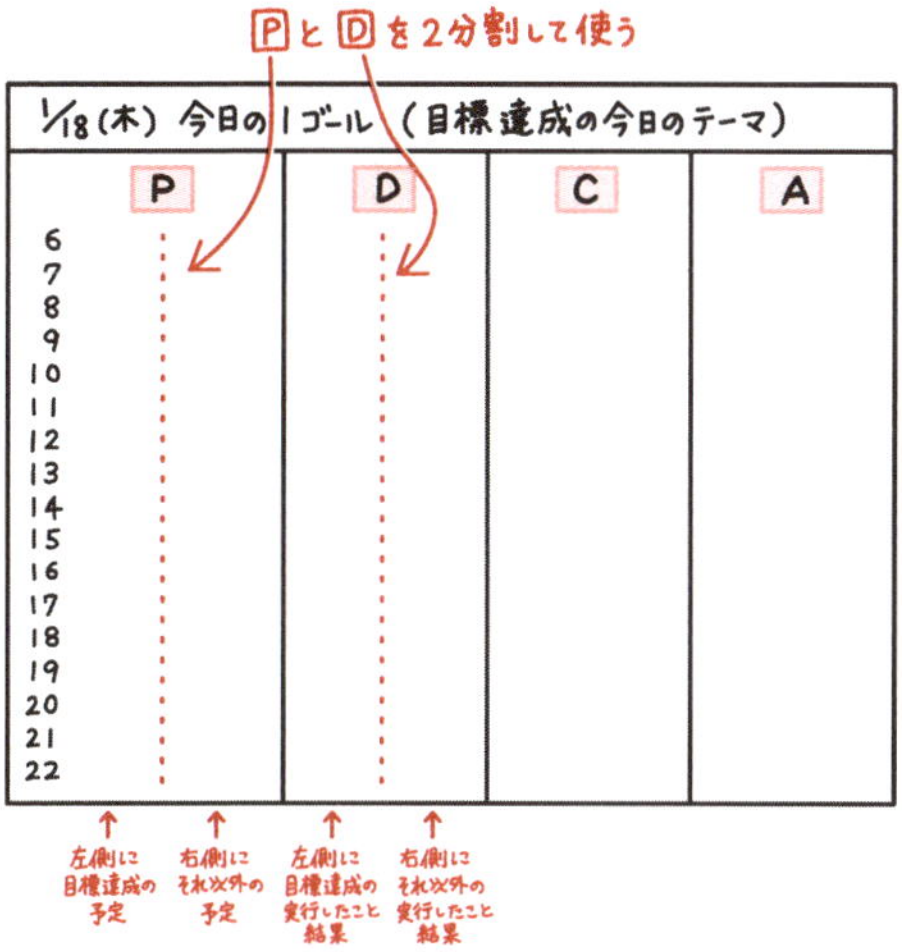

・破線の左側が、「あなたの目標達成の成果につながる」予定・行動
・破線の右側は、それ以外の予定・行動

このように分けることで、「P　計画」フレームでは、成果につながる時間に、そもそも「投資」＝計画しているのかどうかを把握できます。

また「D　実行・実績」フレームでは、実際に成果につながる行動をしたのか＝時間を使ったのかどうかが確認できます。

サンプル

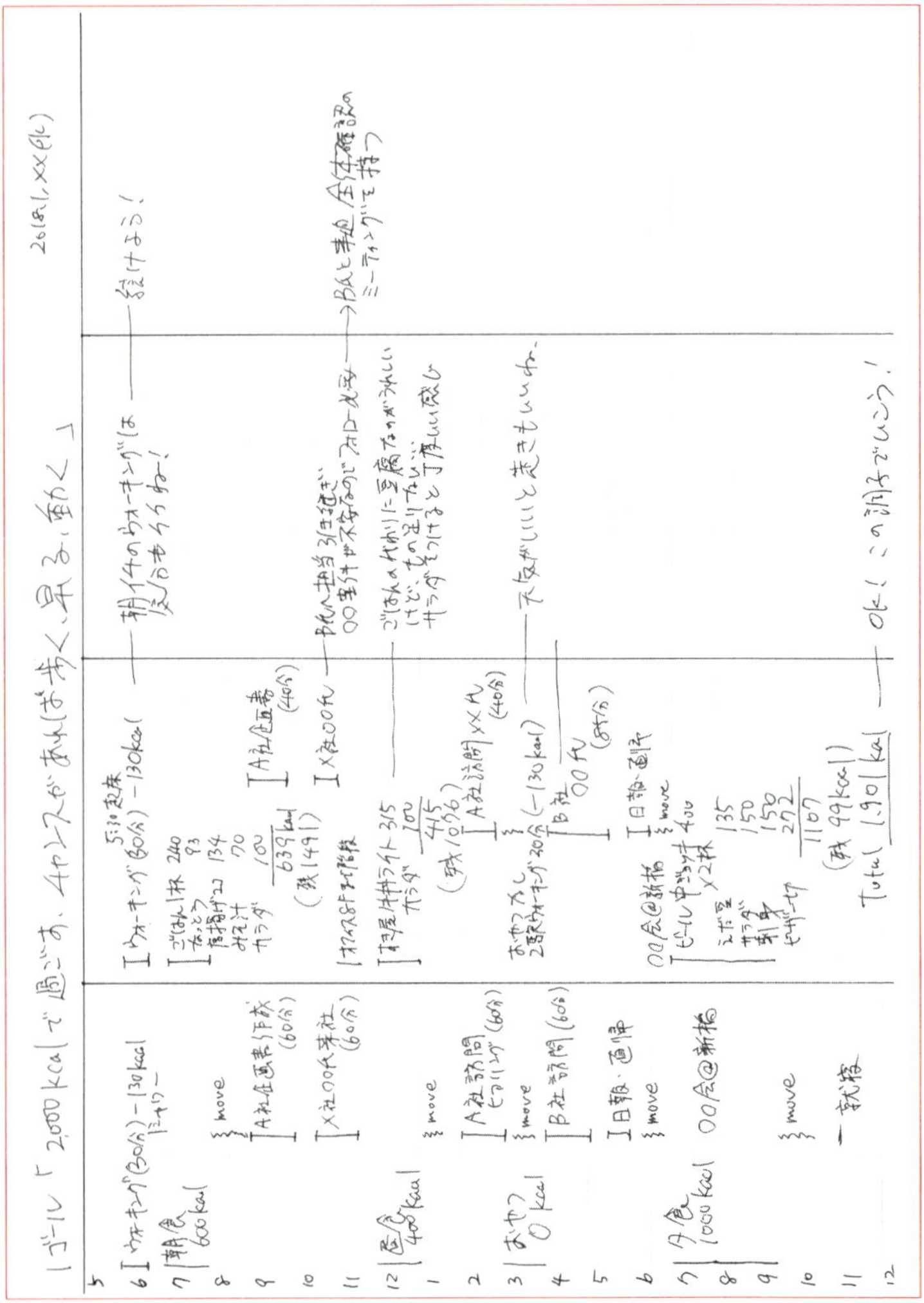

1ゴール「2,000kcalで過ごす、チャンスがあれば歩く、昇る、動く」
2018.1.XX(木)
5:30起床
ウォーキング(30分)−130kcal
シャワー
ウォーキング(30分)−130kcal
朝イチのウォーキングは気分もイイね！
続けよう！
朝食 600kcal
ごはん1杯 240
なっとう 93
唐揚げ2コ 134
みそ汁 70
サラダ 100
639kcal
(残1491)
move
A社企画書作成 (60分)
A社企画書 (40分)
X社○○氏来社 (60分)
X社○○氏
B氏へ担当引き継ぎ
○○案件が不安なのでフォロー必要
B氏と早めに全体確認のミーティングを持つ
オフィス8Fまで階段
昼食 400kcal
すき屋牛丼ライト 315
サラダ 100
415
(残1076)
ごはんの代わりに豆腐なのがうれしいけど、もの足りない…
サラダをつけると丁度いい感じ
move
A社訪問 ヒアリング (60分)
A社訪問 XX氏 (40分)
おやつ 0kcal
おやつなし
2駅ウォーキング30分(−130kcal)
天気がいいと歩きもいいね。
move
B社訪問 (60分)
B社 ○○氏 (85分)
日報・直帰
日報・直帰
move
夕食 1000kcal
○○会@新橋
○○会@新橋
ビール中ジョッキ×2杯 400
えだ豆 135
サラダ 150
刺身 150
シーザーサラダ 272
1107
(残99kcal)
Total 1,901kcal
OK！この調子でいこう！
move
就寝

サンプル

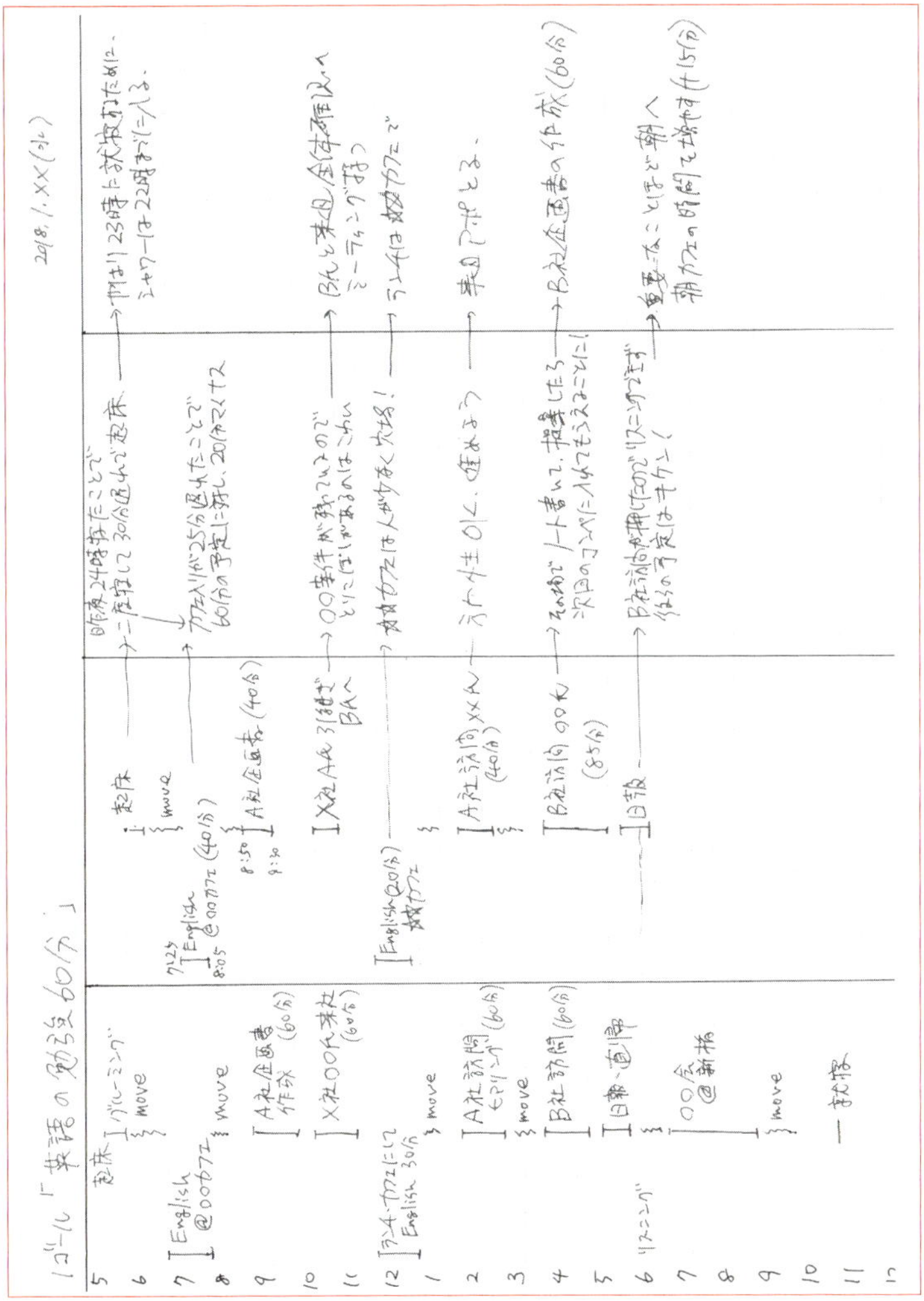

サンプル

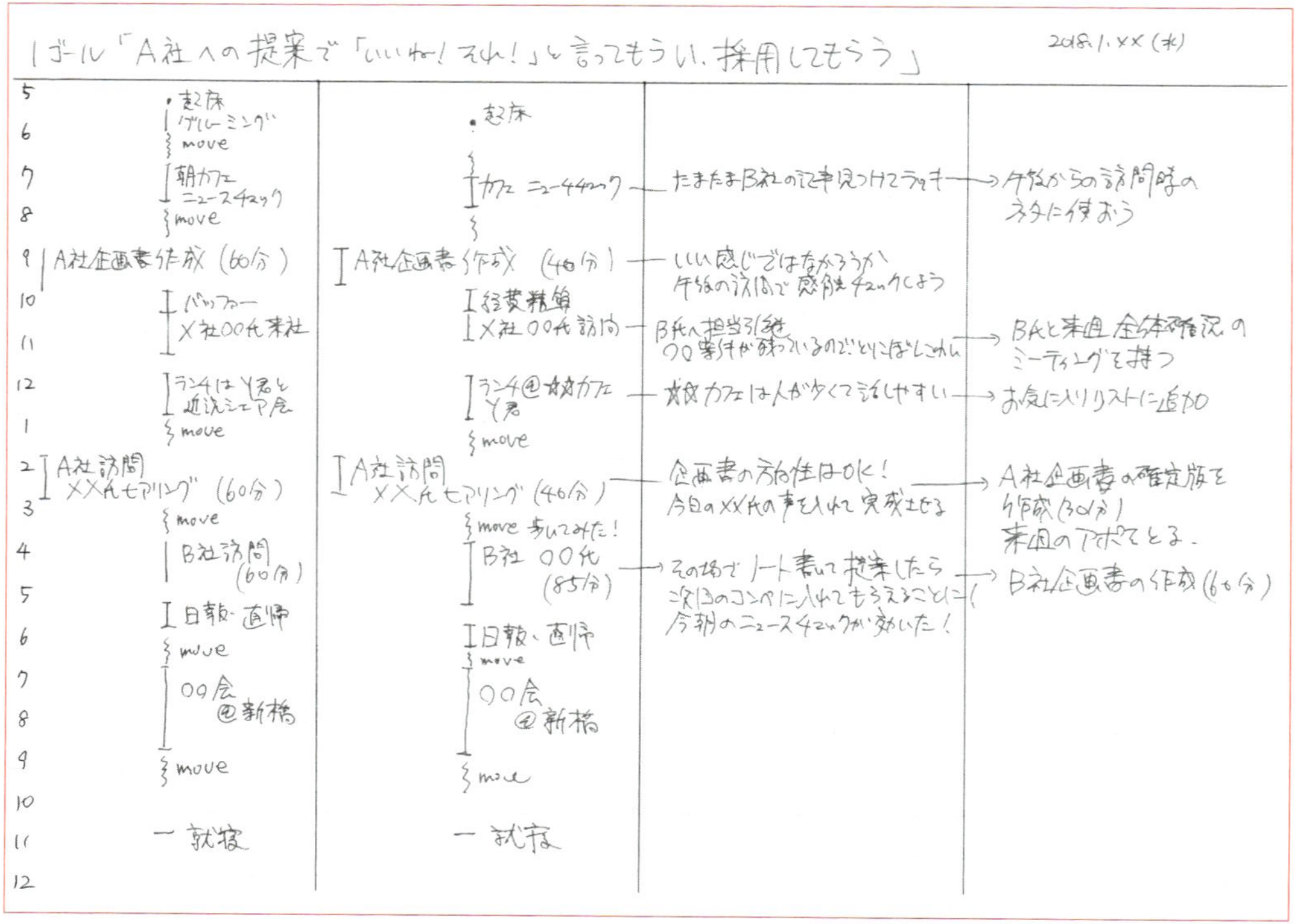
1ゴール「A社への提案で「いいね！それ！」と言ってもらい、採用してもらう」
2018.1.XX（水）
5
6
7
8
9
10
11
12
1
2
3
4
5
6
7
8
9
10
11
12
起床
グルーミング
move
朝カフェ
ニュースチェック
move
A社企画書作成（60分）
バッファー
X社○○氏来社
ランチはY君と近況シェア会
move
A社訪問
XX氏ヒアリング（60分）
move
B社訪問（60分）
日報・直帰
move
○○会 @新橋
move
就寝
起床
カフェ ニュースチェック
A社企画書作成（40分）
経費精算
X社○○氏訪問
ランチ@★★カフェ Y君
move
A社訪問
XX氏ヒアリング（40分）
move 歩いてみた！
B社 ○○氏（85分）
日報・直帰
move
○○会 @新橋
move
就寝
たまたまB社の記事見つけてラッキー
いい感じではなかろうか
午後の訪問で感触チェックしよう
B氏へ担当引継
○○案件が詰まっているので、とりこぼしこわい
★★カフェは人が少なくて話しやすい
企画書の方向性はOK！
今日のXX氏の声を入れて完成させる
その場でノート書いて提案したら
次回のコンペに入れてもらえることに！
今朝のニュースチェックが効いた！
午後からの訪問時のネタに使おう
B氏と来週全体確認のミーティングを持つ
お気に入りリストに追加
A社企画書の確定版を作成（30分）
来週のアポをとる。
B社企画書の作成（60分）

デイリー目標達成PDCAノート「P」計画フレーム

時間軸を記入し、手帳の予定を転記する

それでは各フレームごとの書き方を紹介していきます。まず「P」フレームです。

まずは、仕事を進める上で基本となる時間単位。1時間ごとが基本です。

もちろん、2時間ごとでも、90分1コマでもいいので、あなたが普段過ごしている時単位で、時間軸を必ず記入してください。

時間帯も自由です。朝6時から深夜0時まででもいいですし、仕事時間内のみ管理したければ、午前9時から午後6時まででもかまいません。

次に、アポイント、会議など、今日の予定を手帳から転記していきます。

目標達成ＰＤＣＡノートでは、「Ｐ（計画）」欄は左右に分割されている左側に、あなたの成果につながる予定である「自分アポから書き込む」のです。

あなたのこれまでの「予定」とは、飲み会、ゴルフ、友達と遊ぶ………基本的に他人とのアポだったのではないでしょうか。

自分がやりたいことを最優先にしなければ、与えられた仕事、つまり上司や取引先との予定ばかり優先していては、一向に自分の夢や目標は達成できません。

今日からは「自分とのアポ」を最優先にして、入れておいてください。

たとえば、営業マンであれば、売上予算といった数値目標というゴールなら、日々の営業活動そのものが成果につながる予定として左側の欄に記入します。

それ以外の経費精算などの事務処理の時間や、客先への移動時間は成果につながる時間ではないので、右側の欄に記入していきます。

また、管理職で、部下が主体的に仕事に取り組める職場環境をつくりたい、という状態目標を設定していることもあるかと思います。

そのために、この四半期は部下のコーチングに取り組むと決めたら、そのための予定と結果を左側の成果につながる欄に記入するのです。

それ以外にも取り組むことはあるでしょうが、それらは右側へ記載しましょう。

さらに、手帳には載っていなかった行動も、思い出したら記入しておきましょう。

ここまでが1日の最初に書く「P　計画」です。

「手帳から予定を転記するのは面倒そうだな……」と思われたかもしれません。

しかし、書いてみるとわかりますが、転記には5分もかかりません。

改めて一日の予定を見通して、見直すこともできるので、一石二鳥です。あなたの人生の今日という一日をほかの誰でもないあなた自身がデザインすることから始めていきましょう。

POINT

- **時間軸を必ず入れる**
- **自分アポが最優先**
- **予定は手帳から転記する**

デイリー目標達成PDCAノート「D」実行・実績フレーム

計画に対して実行したことや、起こった事実を書く

PDCAの鍵は、「実行・実績（D）」を目に見える形で残す、ということ。

「D」を正しく書けているかは、「現状把握ができているか」と同義なのです。

PDCAを回してより向上していくためには、まず、「いま現状がどうなっているのか」という事実を知ることが何より大切になります。

その事実なくして、気づきも改善策も、次の計画も立てられません。

たとえば、取引先に行ってあるクレームをもらったのに、「○○に行った」だけでは、事実ではありません。上司に報告書を出す予定のものが、2度出し直しになった

のに、「報告書を書いた」だけ記入しても意味がありません。

このDを書く目的は「仮説・計画と現実のギャップ」を知ることです。

先にもお伝えしたとおり、ＰＤＣＡは試行錯誤のフレームであり、仮説をもとに行動してわかった現実を知るためにやっています。事実は次のステップ「C　評価・気づき」のためにも、もっとも重要なことの1つなのです。

計画と結果のギャップが見えたとき、はじめて気づきが生まれます。

それがあるからこそ、次の改善策も打つことができるのです。

そのためには、「D」をより正確に書くことです。

記録された事実がぼんやりとした事実ではなく、よりくっきりとした解像度の高い事実であればあるほど、そこからの気づきもより精度の高いものになります。

正しく「D　実行・実績」を書くポイントは、「そのつど、書き込む」ことです。

あとでまとめて書こうとすると絶対に忘れてしまいます。実行したらその場で書き込みましょう。そのためには、デスクワークの方であれば、ノートをデスクに開いた状態で置いておくことが大前提となります。目に入る状態だからすぐに書き込みが可能になります。

- **予定どおりできたのか？**
- **ズレが発生したのか？**
- **何をどうしたのか？**
- **結果はどうだったのか？**

計画していなかった突発案件が発生すれば、それも記入します。
ともかく、何をして、何が起こったのか、という「事実」だけを書いてください。

POINT

- **具体的な事実をそのつど、書き込む**
- **ノートは常にデスクに開いた状態で置いておく**

デイリー目標達成PDCAノート「C」評価・気づきフレーム

事実を踏まえて、自分視点での気づきを書く

実行し、事実を書いたら、次に「C　評価・気づき」のフレームの書き方です。「D　実行・実績」に対して、うまくいった原因、うまくいかなかった原因、次はこうすればいいかもしれない、といった気づきを書きましょう。

ここでもポイントは、「そのつど、書き込む」ことです。私の経験からも、あとで振り返っても思い出せないことがほとんどです。今この瞬間に気づいたことを新鮮な状態のうちに書き込んでください。

ただし、なんでもかんでも気づきを書かなきゃいけないと思い込み、自分を追い込

んでしまって、結果、ノートを書くことが嫌になってしまうことは避けたいですね。

大切なのは、目標達成に対する気づきが見つかることですから、すべての「D実行・実績」に対して気づきを書かなくても大丈夫。必要な箇所だけ記入しましょう。

必要な箇所とは、PとDのフレームの左側、つまり、「今日の1ゴールにつながること」について、気づきがあればいいということです。

前著の読者の皆さんからも、気づきが書けませんというメッセージを一番多くいただきますが、書けなくてもいいのです。

気づきが書ける・書けないというのは、目的を見失っている可能性が高いのです。大切なことは、あなたの成果につながるはずの行動が、あなたの達成したい目標に対して、どのようなギャップがあるのか？　その目標達成に必要なことは何か？

そういった視点での気づきが得られればいいのです。

「計画どおり。○○について□□しておいたのが効果的だった。X案件にも使える！」

「なんと予定より40分も早く終了した！　これもノートに書いて考えた効果だな！」

このような感じでかまいません。「ＯＫ！」だけでもいいでしょう。

大切なことは書くことです。書いたものが見えていると、新たな気づきが出てきます。気づきをあなたの頭の中に留めず、ノートの上に書き出してあげてください。

これも慣れてきたら、書き込みを増やしていくといいでしょう。

ただし、たいしたことがないなと感じるような事実であっても、あなたの感情がピクリと動いたのであれば、そこに何があったのか気づきを書き留めましょう。そうすることで、あなたの未来を切り拓く、大きなお宝が埋まっている可能性があります。

POINT

- 事実を踏まえて自分視点での気づきをそのつど書き込む
- ゴールにつながる、ＰとＤのフレームの左側に対して気づきがあればＯＫ
- すべて書けなくてＯＫ

デイリー目標達成ＰＤＣＡノート「Ａ」改善策・次の行動のフレーム

気づきから、次に計画するための「よりよくする行動」を書き出す

うまくいかなかった、問題があったのならば、解決するための行動を「Ｄ　実行・実績」と「Ｃ　評価・気づき」から、具体的に考えてみましょう。

もちろん、すべてうまくいっているなら、そのままでもＯＫ。しかし、うまくいっていないなら、何かを変えなければいけません。

微調整だけでいいのか、何かをやめるべきなのか、もしくは何か別のことを始める必要があるのか……。

など、「Ｄ　実行・実績」と「Ｃ　評価・気づき」を眺めながら、思考を巡らせて

みてください。

このときの大前提は、「やることを増やさない」です。

「成果を出すために行った努力が少なければ少ないほどいい仕事をしたことになる」

これはピーター・ドラッカーが『プロフェッショナルの条件』（ダイヤモンド社）の中で伝えていることです。

あれもこれも手を出すことは得策ではありません。

「あれもこれもやろうとして、何もできない」ではなく「ボトルネックを解消する選択をすること」が大切です。

そこで見いだす改善策はもちろん、すべて仮説でOKです。

計画と現実とのギャップを知って、何度も改善していけばいいのです。

アイデアに行き詰まったらどうするか？

それは「人に聞く」ことです。

「上司と打ち合わせの時間をセットする」

「この分野に詳しいAさんに会って話を聞く」

など、行動というのは、すべて自分ひとりで解決するものだけではありません。思考停止になって何もしないままで悩んだり、放置したりするのではなく、他人の力を借りてでも、次の一歩を踏み出すことです。

POINT

・DとCを眺めて、次の手を考える
・改善策を加えてもやることは増やさない
・迷ったら人に聞く

改善策をつくるための「行動4原則」

「やることを増やさない」ためにやるべき4つのこと

やることを増やさないのはわかったけど、具体的にはどうしたらいいのか?
それは、この次の「行動4原則」で改善策・打ち手を考えていくということです。
1つ目は、「やめる」です。
そもそも、「その行動は必要ない」という可能性があります。
PDCAは試行錯誤しながら、ムダや課題を改善していくことです。
ムダを削り、シンプルにする。誰かほかの人に任せる。自動化できるならする。
「これはやめられないか?」「そもそもやらなくてもいいんじゃないか?」

と考えてみるのです。

経験上、これは意外とあります。あなたの周りでもやめられないまま続けていることは案外多くないでしょうか。やめられるなら、やめてしまいましょう。価値のないことにあなたの時間を割く余裕はないのですから。

2つ目は、「変える」です。「置き換え」と言ってもいいでしょう。

やるべきタスクを増やしていくのではなく、やるべきことを選択したら、これまでやっていた改善策やタスクをやめてみるのです。

これによってタスクの数自体は、プラスマイナスゼロになります。また、何をやったから成果が出たのか、何をやめても成果に影響を与えないのかも明確になります。

もちろん、やるべきタスクを複数同時に行うこと自体は問題ありません。むしろ同時にいくつものことをうまく行えるならやったほうがいいでしょう。

しかし、タスクが増えすぎて、仕事が回らなくなるような場合であれば、「置き換え」は試してみるべき選択肢の1つです。

3つ目は、「続ける」です。

行動が1つ増えたら、1つ減らす。シンプルですよね。

今やっていることで成果が出ている。特に改善することがないのであれば、続ける、維持する、という評価も可能です。安易に続けようとするのではなく、その前に、「やめる？　変える？」という選択肢を持った上での判断だということを忘れないでください。

そして、4つ目が「始める」です。

始める前に、「やめる、変える（置き換える）ができないか？」を考えた上で、新しい施策・プランを始めていきましょう。

POINT

- やることを増やさない
- 行動4原則その1「やめる」
- 行動4原則その2「変える」
- 行動4原則その3「続ける」
- 行動4原則その4「始める」

フレーム7「ウィークリーレビュー」を行う

振り返りと軌道修正

毎日のPDCAを回していくとはいっても、実際は毎日ノートを書けないこともありますし、見当違いなことになっている可能性もあります。

そこで毎週1回の自分と向き合う時間を設けて、軌道修正を図ります。

これが最後のフレーム「ウィークリーレビュー」です。

ここでやることは3つだけです。

1　今週の活動をまとめて振り返る

２　立てた計画と実際の行動とのギャップをチェックし、改善策を練る

３　来週の計画を具体的な予定に変換して手帳に落とし込む

振り返るタイミングは、土日がお休みの方であれば、週末の金曜日の夜から日曜日の夜にかけて、自分なりの１週間の区切りのタイミングで行えばＯＫです。

振り返る視点もフレームを活用する

振り返りの視点として、ここでは「ＫＰＴ」という非常にシンプルで効率的に振り返りができるフレームワークをご紹介します。

ＫＰＴとは、「Keep」「Problem」「Try」の３つの単語の頭文字をつなげたもので、コンサルタントの天野勝さんが提唱されているものです。

Ｋｅｅｐ：良かったこと、今後も続けること

Ｐｒｏｂｌｅｍ：困ったこと、問題点

Ｔｒｙ：今後の活動で試したいこと

KeepとProblemについては、今週のＰＤＣＡノートの記録を振り返って、それぞれ振り分けていくだけです。

ポイントはもちろん1ゴールに関することだけにフォーカスすること。

そして「Try」は、Keepからは強化策を、Problemからは改善策を見いだします。ここでのポイントは、闇雲にやることを増やすのではなく、先にお伝えした「行動4原則」にそって考えることが大前提です。

さらに、「何を変えるのか？」という視点のフレームも用意しておくことで、よりスムーズに振り返りが行えます。

「何を変えるのか？」というと、Problemの原因となっているもの、つまり環境です。それが、「時間」「人」「場所」「道具」という「環境4要素」です。

「Try」することを、「行動4原則」×「環境4要素」のフレームで考えてみるのです。ノートは次のようにフレームをセットします。

フレーム 7「ウィークリーレビュー(KPT)」

Keep:よかったこと、今後も続けることを書く(強化策のアイデアにする)

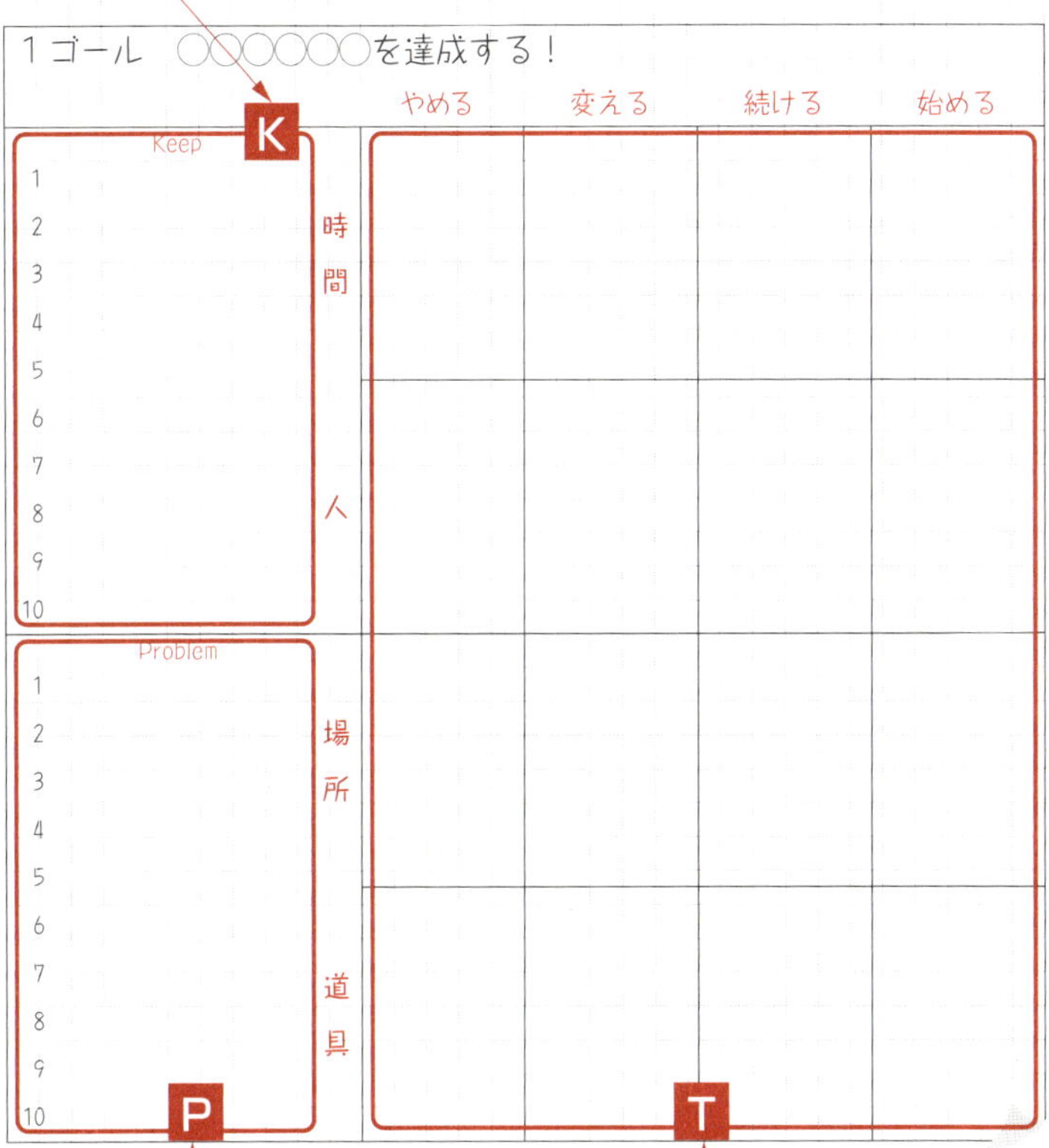

Problem:やってみて困ったこと、問題点を書く(改善策のアイデアにする)

Try:時間、人、場所、道具をそれぞれやめる、変える、続ける、始めることで気づきがあれば書き出す

まず横に2分割、縦に3分割します。

真ん中と右の枠はさらに縦・横とも2分割し、16個の枠をつくります。

1行目が1ゴールです。そして、左の上がK＝Keep、左の下がP＝Problemです。KとPの枠にはそれぞれ1～10の数字を割り振ります。

右のTryの4×4マトリックスには、横軸は、左から「やめる」「変える」「続ける」「始める」のタグを付けます。

縦軸は、上から「時間」「人」「場所」「道具」のタグを付けます。これでフレームがセットされました。時間は3分もかからないくらいです。

フレームがセットできたら、今週のPDCAノートを振り返ってみてください。

ポイントは「時間を決めて行う」ことです。

よくいただくお悩み事の1つに、振り返りに時間がかかって大変だというケースがあります。仕事は時間を決めないときりがないので、1つひとつの作業の時間を決めることが大前提となります。

今週書いたノートを振り返り、KeepとProblemに書き出す作業は10分。10分経ったらそこで打ち切り、次に移ります。

今度はTryの4×4のマトリックスでアイデアを出すのに15分。これも15分経ったら終了です。

最後にリストアップしたアイデア、これらすべてをトライする必要はありません。

1ゴール実現に効果的なアイデアがあれば、来週以降の予定に組み込んだり、必要に応じてこの3カ月のGPSのアクションとして、差し替えてみたりすればOKです。

完璧な振り返りなんてそもそもありません。ですから、振り返りそのものに時間をかけるのではなく、出てきたアイデアから実際に行動に移し、試行錯誤してみることで結果に結びつくのです。それを忘れないでください。

目安としては30分から1時間程度ですが、試行錯誤しながら、あなたなりのベストな進め方や時間を探してみてくださいね。

サンプル

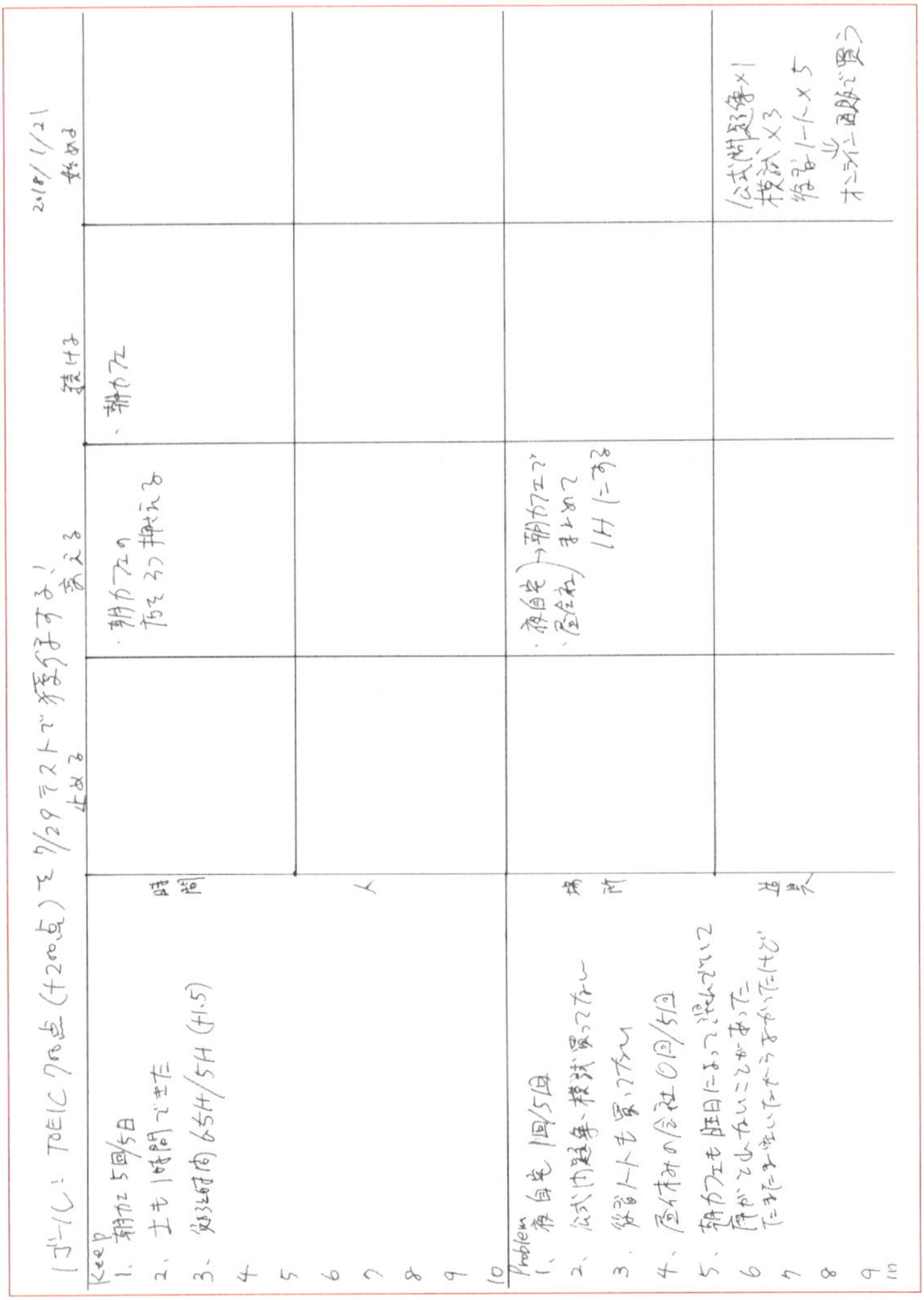

ゴール：TOEIC 700点（+200点）を7/29テストで獲得する！
2018/1/21
止める
変える
続ける
始める
Keep
1. 朝カフェ 5回/5日
2. 土も1時間できた
3. 勉強時間 6.5H/5H（+1.5）
時間
人
場所
道具
・朝カフェの店を3つ押さえる
・朝カフェ
Problem
1. 夜自宅 1回/5日
2. 公式問題集、模試買ってない
3. 文法ノートも買ってない
4. 昼休みの会社 0回/5日
5. 朝カフェも曜日によって混んでいて席がとれないことがあった たまたま空いていたからよかったけど
・夜自宅 ・昼会社 → 朝カフェでまとめて1Hにする
公式問題集×1
模試×3
文法ノート×5
オンライン通販で買う

「できなかった」は解釈にすぎない

ＰＤＣＡは試行錯誤であると何度もお伝えしてきました。

振り返ってみると「できていないこと」「失敗したこと」などが見えてくるかもしれません。そのときは注意が必要です。

「やったけど、できなかった」「失敗した」と書いているとしたら、それは事実ではなく、「解釈」です。

そんなときは、「やっぱりダメだった」とか、「自分には無理かも」「これ苦手だわー」「あいつのせいだ」という感情が入っているかもしれません。

人間は、望ましい結果が出た場合は自分に原因があると考え、望ましくない結果が出た場合は自分に原因はないと考える「認知バイアス」が働きがちです。

いわゆる失敗をしたとき、そんな認知バイアスがかかった状態であることをまず認識しておきましょう。

その上で、「事実は単なる『結果』にすぎない。そこには何の感情もいらない」という前提をつくり直すのです。

そのとき私はいつもエジソンの言葉を思い出しています。

「私は失敗したことがない。ただ、1万通りのうまくいかない方法を見つけただけだ」

単なる「結果」を検証し、改善したトライを繰り返す。

結果そのものに一喜一憂し、失敗を「憂《うれ》う」のではなく、「自分は行動した」という小さな実績を積み重ねていきましょう。

そうすることは、自己肯定感を高めることにもつながります。

POINT

・週に1回、ウィークリーレビューで軌道修正をかける

目標達成PDCAノートを習慣化する秘訣

習慣化する秘訣は「環境」にある

人は環境に影響されて生きています。

今の「あなた」とは「結果」ですから、何か習慣化したい、できないという悩みがあるなら、「結果」そのものを変えようとしても何も変わりません。

映画の中の主人公であるあなたの演じているシーンを変えたいからといって、映画館のスクリーンに向かってそうじゃないと叫んでも、何も変わるはずがないのと同じです。「結果」を変えるためには「原因」そのものにアプローチする必要があります。

その「原因」こそが、あなたを取り巻く「環境」なのです。

経営コンサルタントの大前研一さんの言葉で、人生を変える3つの要素というものがあります。それが、「時間の使い方」「住む場所（過ごす場所）」「付き合う人」の3つの環境要素です。

それに加えて、「あなたが使う道具」これを加えた4つの環境要素こそが、あなたが変えるべき「原因」です。それぞれどんな方法があるのかお伝えしていきます。

時間を変える〜朝の5分間でその日一日をデザインする〜

あなたの一日の仕事は、何をして始まりますか？

メールチェックでしょうか？　それとも朝礼でしょうか？

今日から早速、朝の5分は目標達成PDCAノートを書くための時間をつくってください。目標達成PDCAノートの基本は毎日回すことです。

これを習慣化するために、朝5分の時間の使い方を変えて、目標達成PDCAノートを書くというフレームを用意してほしいのです。

朝の5分間を使って、目標達成PDCAノートのフレームと、その日の「P　計画」を書いてみましょう。これを毎日のフレームにすることで、ＰＤＣＡを回す仕組みと習慣化がつくられていきます。

朝の5分間で済むこの行為は、あなたの人生の今日という一日をデザインして過ごすという主体的な行為にほかなりません。

もちろん夜でも大丈夫。あなたの生活リズムに合わせて実践すればＯＫです。

夜に、今日一日を振り返ってから、翌日を計画して寝るというパターンは、実は私も時々やっています。それぞれメリット・デメリットがあると感じています。

前日の夜にやるメリットは、朝起きた瞬間からスムーズに一日をスタートさせられることが挙げられます。

朝早くから就業される方、子育てなどで朝に余裕がない方は、前日の夜のうちにやっておくという選択肢も持っておくといいでしょう。

デメリットは、寝る前にやると明日やることのイメージが湧くので映画の予告編を観たような状態になり頭が冴えて、寝つきが悪くなることぐらいですかね。

当日の朝にやるメリットは、朝の儀式としてその日をデザインしているという実感を持てることが挙げられます。

朝のルーチンとなってしまえば、「起床して洗顔して朝食をとる」というのと同じ、一連の流れの中でノートを書くことができるのと、寝ている間に気づきが生まれることがあって、今日の計画に織り込んだりすることができるなと感じています。

これが習慣化してくると、毎日やらないと気持ちが悪くなります。

たとえるなら歯磨きをしなかった日のように、気持ちが悪く、落ち着かない感覚になってきます。

落ち着かないだけで済めばまだいいほうで、ノートも開かないままだと「何もしない」という消極的選択のフレームに陥り、自分で時間をコントロールしている感覚がなくなり、「今日は何もできなかったなあ」と気持ちが落ち込む可能性があるので要注意です。

場所を変える～デスク以外のお気に入りの場所をつくる～

過ごす場所を変えることは、実はこれも、手っ取り早くやれることの1つです。

あなたは、オフィスのデスク以外にお気に入りの場所を確保していますか？

私は朝の出社前にお気に入りのカフェに行き、1人で朝活をしています。

まず5分程度の時間を使って、一気に目標達成PDCAノートを書いています。

そのあとメルマガを書いたり、新規事業の企画を立てたり、Facebookに投稿してから出社する、といったリズムをつくるようにしています。

またオフィスであっても会議室やミーティングスペースを1人で使って、1人会議するのもオススメです。

デスクにいるとすぐに声をかけられて集中できないなんてことがあるなら、避難場所を確保することも大事です。

付き合う人を変える〜仲間をつくる〜

1人朝活でなくても、自分が声かけして仲間を巻き込んで朝活するのもいいですね。最近ご報告いただくことが増えてきたのが、会社全体や部署単位、もしくはグループのみんなでPDCAノートを書いているという取り組みです。

実際、研修の問い合わせやご依頼も増えてきました。組織であればそうやってみんなを動かすことで、1人ではなくみんなと一緒にという力が活用できます。

では、個人的な活動の場合はどうしたらいいでしょうか?

1つの答えとしては、**コミュニティを活用する**というのが手っ取り早いでしょう。目標達成PDCAノートを書くためのコミュニティでもいいでしょうし、同じような目標に向けて活動している仲間がいるコミュニティに所属してみるのもいいでしょう。

コミュニティといってもリアルに会うことが前提のものもあれば、オンラインだけで完結しているものもあり、さまざまです。

1人ではなく仲間の力を借りる。同じ志を持った仲間とつながることのメリットは計り知れません。あなたに合ったコミュニティを探してみることはオススメです。

実際私も副業活動するにあたっては会社の同僚と話ができるわけでもありませんから、朝活コミュニティや起業勉強会といったコミュニティで出会った仲間や、セミナー受講者・クライアントさんなどがいたということも大きなモチベーションとなりました。

ちなみに私もオンラインで「Ｇｏａl達成！ＰＤＣＡ実践グループ」というコミュニティを主宰しています（２０１7年12月現在）。

Facebookのグループ機能を使ったもので、秘密のグループとなっていますが、Facebookアカウントをお持ちであればどなたでも参加可能です。ご興味がある方は巻末に詳細を記載していますので、チェックしてみてください。

使う道具を変える〜快適な道具を使う〜

あなたが使っているパソコンは、もう4年も5年も前のものだったりしませんか？

実はマシンのパフォーマンスが落ちているのに、気づかないままなのかもしれません。

「ゆでガエル理論」のたとえ話にあるように、徐々にその環境に慣れきってしまい外部環境は変化しているのに、相対的においていかれていることになりかねません。

今度の週末は家電量販店の店頭で最新型を触ってみてください。快適さに驚くはずです。

ほかにも、携帯性がいいからとタブレット端末を持ち歩いているけど、文字入力するのはイライラするし、時間がかかって大変と感じているなら、もったいないです。

外付けキーボードを使いましょう。それだけで文字入力が快適になります。

それ以上に薄型ノートPCにすればいいだけかもしれません。

道具に合わせるのではなく、使用目的に合わせて道具を選ぶ。

順番を間違えないようにしましょう。

ところで、あなたが一日中使っているにもかかわらず、その存在を忘れていて、知らず知らずのうちに影響を受けている道具があることにお気づきでしょうか？

それが服装です。私の勤務先の服飾規定ではビジネスカジュアルが認められているので、チノパン＋ポロシャツでもＯＫです。そんなときとスーツを着ているときとでは気分が全然違います。

周りが受ける印象も変わるので、接してくる態度も変わります。スーツとカジュアルのどっちがいいとか悪いとかではなく、見た目を変化させることが、一番手っ取り早く環境の変化、気持ちの変化にもつながるということです。

あなたが理想とする状態を感じられるような服装を取り入れてみるのです。

あと、私がやっていることは、目指している人が使っている道具と同じ道具を使う、というものがあります。

ノート１つ、ペン１つとってもそうです。

今使っているノートやペンが何気なく選んだものだとしたら、一度、憧れの人が使っているノートやペンを使ってみてください。その人になりきり生産性が高い理由が何なのかを感じてみるのです。

ちょっと高いけど書き味が全然違う感情が動くノート、値段は安いのに抜群に書きやすく思考が広がるペン、そんな出合いがあります。

自分のこだわりよりも、成功している人の事実に着目してみる。そんな視点で道具選びをしてみてください。

POINT

・時間を変える～朝の5分間でその日一日をデザインする～
・場所を変える～デスク以外のお気に入りの場所をつくる～
・付き合う人を変える～仲間をつくる～
・使う道具を変える～快適な道具を使う～

第5章

PDCAを加速させる目標達成のコツ11

01

1秒でも早く始めることが成功への近道

証券会社に勤務する友人に、投資で成功するにはどうしたらいいのかを質問したことがあります。そのときの回答はこうでした。

「1秒でも早く投資をすることが成功への近道」

金融商品の選び方や投資のやり方ではなく、時間なのだと、まさにTime is Moneyなのだという話に思わず唸りました。

確かに「今」のままで、何もしないまま迎える3カ月後と、「今」すぐ実践を積み重ねる3カ月後。お金なら何も増えていないし、投資だとへたすると減っているかもしれません。

でも、これをあなたの成長に置き換えてみるとどうでしょう?

どちらのあなたのほうが成長しているか明白ですね?

何もしないということは、周りの人や社会が成長しているので、相対的にはマイナス状態です。

もし毎日1%ずつ利息がつく金融商品があったとしたら、1年後には37・8倍にもなります。これを人の成長に当てはめることができるとしたら、毎日1%でも昨日より成長し続けたら、1年後にはとんでもなく成長しているあなたになれます。

1秒でも1日でも早く始める、「今」から積み重ねて変化していけば成長できます。

思い立ったが吉日と言いますが、「今」できることから早速始めてみましょう。

POINT

・1秒でも早く始めることが成功への近道

02 難しいことより目の前のこと

目標を達成するということについて、難しく考えすぎてはいないでしょうか。

どういうわけか立派な人に見られたいとか、すごいことを成し遂げたいとか、欲がありすぎて、難しいことやすごいことをやろうと大層な目標をかかげても、私の経験でもほとんどの場合において、行動できずに立ち止まってしまいます。

決意したけど動けないとか、準備ばっかりやっているとか、気分なんていうあやふやな思い込みなどに頼らず、目標を達成するためには、行動あるのみです。

そのために必要な視点はただ1つだけ。


「完璧を目指すよりまず終わらせろ」

難しいことやすごいことをやろうとして、何もできないまま、進まないと焦るのではなく、目の前のこと、自分が今できる小さなタスクを1つずつクリアしていくことで、前向きに前進しやすくなります。

だから、まず終わらせてから、試行錯誤すればいいだけです。そのたびに小さくともできたことが積み重なっていきます。

その小さなできたことの積み重ねが、自信そのものです。自信がないと嘆いても現実は何も変わりません。現実を1つでも、小さなことでも変えたという事実だけが、あなたの自信につながります。

そんな小さな目の前のことを積み重ねた事実は、ノートに毎日の記録が残っています。振り返るたびに自信がつくノートを書いていきましょう。

POINT

・完璧を目指すより、目の前のことを終わらせて記録に残す

03 やることを増やさない

成長するということは、そのことに費やす時間が増えるということ。

当然その分の時間、何かが減らないとバランスが取れません。

1日は24時間と決まっていて、どう頑張っても1日は27時間にはなりません。

やることを詰め込むだけ詰め込み、そのために作業効率を高めてたくさんのことをやろうとする、いわゆる「増やす」アプローチには限界があります。

私も30代までは「増やす」アプローチで、作業効率を高めてより多くのことをやろうとして、深夜まで働くのが当たり前、ときには早朝5時まで働き、文字どおり1日29時間生活を送っていました。しかし、それは結果として長続きしませんでした。

長時間労働ができても、結果が出ない状態が続き、それを補おうとさらに長時間労働を続けるという悪循環、まったく生産性が上がっていない事実に直面したからです。

「働けど働けどなお我が暮らし楽にならざりじっと手を見る」と詠んだのは『一握の砂』の石川啄木でしたが、さしずめ私は、「働けど働けど我が仕事成果が出ず、ずっとマウスを握る」といった感じでした。

あなたももしかしたら、やることを増やさないことが実は一番できていないことではないでしょうか。

「行動4原則」も、最初が「やめる」で、減らすことから考え始めます。

次が「変える」で、プラスマイナス0の状態を維持します。そして「続ける」は、文字どおりプラスマイナス0です。最後の最後が「始める」です。

「始める」ことを予定に入れようとして入る余地がなければ、何かをやめる必要があるのです。決して、睡眠時間を減らす、なんてことはしないでください。

POINT

・行動を増やすには限界があると心得る

04 決断し行動する

世界一のコーチとも呼ばれるアンソニー・ロビンズは「人は1年でできることを過大評価し、5年でできることを過小評価する」と言います。

突き抜ける存在になると決める。それには「今」は関係ない。「未来」をどうしたいか決めることだから。ワクワクした未来をデザインするのは自分だということです。そうやってまず、評価の基準を上げることで、前提を変えてしまいましょう。

そうは言っても何か怖くて決断できない、というのは、実は逆なのです。

決断しないから怖いのです。

なぜか？

怖いという理由をつけている限り、その怖い理由ばかりにフォーカスしてしまうからです。

私のかつての経験でも、その怖いという理由は、ほとんどの場合において妄想であって事実ではありませんでした。


だから、決断して、行動してみる。

PDCAノートに行動したその実績を書き込んでみる。

そして、「なぜ」そういう結果になったのかを考える。

次は「どうしたらできるか?」を考えてみる。


行動した瞬間にマインドセットが変わり、視点が変わるのです。

事実を見ているからこそ、

「ワクワクする未来を手にするにはどうしたらいいだろう?」

そんなことばかり考えるようになります。

そのとき、怖い理由なんて考える余地はなくなります。だってそれは妄想ですからね。

決断しない「今」のあなたに必要なのは、一歩踏み出すことだけ。
「でも、その一歩が踏み出せない」と思うなら、その一歩って何でしょうか。
その一歩が見えていないだけではないですか？
小さな具体的な行動にまで落とし込んでみてください。
決断することで手にするのはワクワクする未来です。
さあ、一歩踏み出してしまいましょう。

POINT

・決断できない人に必要なのは一歩踏み出すことだけ

05 得意な土俵で勝負する

人生は有限です。あれこれ多くのことをやろうとしてすべてが中途半端に終わる、つまり、目標を達成できない状態にモヤモヤするのはもう終わりにしましょう。

「何でもできる人」でいようとし続けるのではなく、「これができる人」を目指してみるのです。

そのほうが、会社にとっても、あなたにとってもいいことだからです。

つまり、何か「一点突破できる強み」を持ったエッジの立った人だと周りから認識されるほうがいいのです。

この「何か」というのが自分の土俵になります。

その自分の土俵である好きな時間、得意な時間を増やし、そうでない時間は減らすに限ります。

私の「何か」は、最初はExcelでした。私の大学生時代はまだワープロ専用機全盛期で、その表計算（カルク）機能を使って、実家の商売の手伝いをしていました。

社会人になりWindows95が発売されて、とびついたパソコンで出合ったExcelに熱中。好きこそものの上手なれですね、Excelが得意になった私は率先してExcelを駆使して仕事を続けました。

最初は、Excelが上手に使える、作業が早くなり効率化できる、という自分の仕事の領域が広がり、チーム・組織の業務効率化につながる帳票類の開発・運用ができるようになりました。

すると今度は、業務効率化という軸に移り、それから業務効率化した先にある人生のあり方・考え方やそれを実現する方法へと少しずつ移行していきました。

実は、業務効率化は私が会社から与えられたミッションそのものではありませんでした。

最初は副業で業務効率化や人生のあり方について提供していましたが、そこで得た知見を会社員としての業務に活かしていったことで、今では会社から与えられたミッションに業務効率化に関わる業務が含まれるようになりました。

あなたにとっての「何か」、その土俵で勝負してみてください。

そのときの視点は「深める」か「広げて組み合わせる」か、です。

教育改革実践家の藤原和博さんは、著書『必ず食える1%の人になる方法』（東洋経済新報社）の中でこう定義しています。

100人に1人を「雑居ビルに1人」
1万人に1人を「町に1人」
100万人に1人を「世代に1人」

あなたが1つの土俵で勝負するなら、突き抜けた成果を出す必要があります。業界で知られている、メディアに取り上げられるといった100万人に1人の存在になることです。かなり突き抜けています。オリンピック選手のようなイメージですね。

それに対して、あなたの得意な土俵を超えて、ほかの土俵にチャレンジする視点が

「広げて組み合わせる」です。

これまで取り組んできたことがあり、そこそこ得意な土俵があれば、100人に1人レベルの人材である可能性は高いはずです。会社では自分が一番とか、大企業であれば部署では自分が一番といったレベルです。でも、まあゴロゴロいるのでまだ突き抜けることはできません。

そこで、必要な視点が「組み合わせる」ことです。

100人に1人レベルの土俵を3つ組み合わせると100万人に1人の土俵で勝負できるのです。

いきなりすごく突き抜ける存在になることは、結構ハードですし、ゴールが見えませんが、この100人に1人の存在になるのは実はイメージしやすいのです。

新しいことに取り組んでスペシャリストになるには1万時間が必要と言われています。俗にいう1万時間の法則です。

1日10時間だとすると、3年で1万時間を突破します。「石の上にも3年」というのはあながち間違っていないのです。

これから3年で新たに1つのことに取り組んで100人に1人の存在となる土俵を

つくると、1万人に1人の土俵になります。

そうしてあと3年でもう1つ土俵をつくると、100万人に1人の土俵に立つことができます。

1万時間を正確に測るかどうかは別の問題です。

1ゴールに向けてあなたの時間をフォーカスすることで、突き抜けた存在になることはできるのです。

あなたはどの土俵で勝負しますか？

深めますか？

広げて組み合わせますか？

決めるのはあなたです。

POINT

・得意なことを深めるか、組み合わせることで突き抜けた存在になる

06 行動を管理するタイムマネジメントを行う

人生においてもっとも大事な資産は何かと聞かれたら、私は「お金」ではなく「時間」だと答えます。

お金は生み出すことができても、時間は生み出すことができないからです。

だから、時間管理とかタイムマネジメントが大切だと言われています。

タイムマネジメントというと、みんな時間を管理しようとしますが、このアプローチではうまくいきません。なぜなら、そもそも時間なんて存在しないからです。存在しないものを管理しようがありません。管理できるのは、私たち自身が取り扱うことができるものだけ。

では、タイムマネジメントとは何を管理するのか?

それは、**時間の管理ではなく、その時間に「やること」を管理すること**です。

時間を管理しようとするから、うまくいかずに、おかしなことになるのです。

そのときに欠かせない視点があります。

そもそも、「何のためにタイムマネジメントするのか」という視点です。

それは、**「あなたが目標を達成するのに必要な行動をしているか」**に尽きます。

いかに効率的な仕事術を身につけたところで、その結果得られるものがあなたの理想の未来につながらなければ何の価値もないに等しいと私は思うのです。

時間を効率的に使いたい？　それはなんのためですか？

むしろ非効率でもそのことに時間を使っていることが幸せであればいいのです。

時短は目的ではありません。あなたの理想の未来を実現するため、そんな目的のために時短するタイムマネジメントを行って欲しいのです。

POINT

・タイムマネジメントは時間を管理するのではなく、行動を管理する

07 「仕事5倍速！」にする20％思考

「完璧を目指すより、終わらせろ」――言い換えると、完璧を目指す100％思考ではなく、要点を押さえた20％思考の視点が重要だということです。俗にいうパレートの法則、「20対80の法則」です。

仕事とは、プロセスとタスクの組み合わせによってアウトプットされるものと定義できます。そしてタスクは、ここでは「1つひとつの作業」と捉えてください。

完璧主義、100％思考で仕事をしていると、1つのプロセスごとに完璧を求めてタスクを積み上げていくので、ときとして過剰なまでにタスクを行うことになります。成果に直接は関係のないどうでもいい図表の見た目にこだわるとか、フォントをいじるとか、本質的ではない部分に過剰に労力を割きがちな仕事へのアプローチです。

これでは仕事はなかなか終わらない上に、労力ばかりかかって生産性も低くなって当然です。これは、かつて月１４０時間の残業をこなしていた当時の私の思考そのものでした。

残業すること自体、問題だとも思っていませんでしたし、成果には直接は関係ないような微に入り、細に入りと自己満足の作業をしていたなあと今は思えます。

それに対して、**20％思考の仕事では、完璧を目指すよりまず終わらせることが前提**です。要点を押さえた20％でアウトプットを目指します。その上で、追加が必要になったタスクや、求められたタスクを行って仕上げるアプローチです。

気をつけて欲しいのは、「仕事が5倍できる！」といった、より多くの仕事をこなすためのアプローチではなく、「１つひとつの仕事が5倍速になる」という生産性を上げるためのアプローチだと考えてください。

先にお伝えした「得意な土俵で勝負」するためには、その得意な土俵の領域の仕事に対して、あなたは時間を費やすことが不可欠です。そこに時間を費やしてよりよいアウトプットを増やしていくことが、成果を出し、評価につながることだからです。

そのために残業するのでは本末転倒です。そうではなく、たとえば不得意な仕事や、正直あまり好きではない仕事、あなたのビジョンを実現するのに直接関係しない仕事がありますよね。

それらの仕事をサボるなんてアプローチはもってのほかです。

それらの仕事こそ20％思考で効率化することで生産性を上げつつ、捻出した時間を「得意な土俵」に投入することが、あなたの仕事を5倍速にすることの本質だということを忘れないでください。

POINT

・20％思考にすると「終わらせる」ことにフォーカスできる

08 人間関係を変える

ウィルパワーは周りからの影響を受けやすいので、1人でコツコツやろうとして挫折する道を消極的に選ぶのではなく、宣言して信頼できる仲間やパートナーを見つける積極的な選択が、目標達成には重要です。

特に効果的なのが**「自分のパートナーに宣言すること」**です。

私もダイエットしたときも、副業を始めるときも妻に宣言したことが気持ちを引き締める上でとても効果的でした。

ダイエットであれば食事を気遣ってくれるとか、体重の推移に一緒に喜んでくれるとか、ふと気を抜いて甘いものを食べているとテーブルの向こう側から無言でじっと見つめられるとか、1人だと弱気になりそうな瞬間に何をしてくれるわけではなくても、前に進むための精神的な支えになってくれます。

ほかにもSNSで友達に宣言してしまい、その進捗を共有することは、簡単でありながらとても効果があります。

1人ではなく、お互いに応援しあえる環境の力をぜひ活用してみてください。

また、付き合う人を変えることは、マインドを変える手っ取り早い方法です。

「人の思考は親しい5人に影響され、収入も付き合う5人の平均である」と言われています。あなたの理想の未来を実現している人、つまりあなたのロールモデルとなるような人に会いにいく、お付き合いする、そんな仲間がいるコミュニティに入る、といった選択はあなたの前提を書き換える上でもとても大切です。

私は、人生において自己投資以上に収益性の高い投資はない、と考えています。社会人になってこれまでに1000万円程度を自己投資してきました。

「本をとにかく読む」「読書数が目標」なんて本末転倒なことをしていた時代もありましたし、そして、たくさんのガジェットがガラクタになったりと、いろんな経験をしてきました。

ですが、間違いなく言えることは、その自己投資と称して突っ込んできたお金を使わずに、溜め込んでいたら預金残高が今よりも1000万円多かったかもしれないが、それで幸せだったかと考えると、絶対に否だということです。

何よりも今こうやって本を執筆するようなことはなかったでしょう。

それもすべてはそういった学びを通じた人との出会いから始まり、自ら行動を起こして広がったことが、何よりも私の人生の財産だからです。

会社と自宅と飲み会以外の世界ができた、想像をしなかったような違うステージの人たちと出会うことができたからこそだと実感しています。

あなたがもし今1人でやろうとしているなら、なんとしてでも人と出会える環境を手にしてくださいね。

POINT

・人間関係をどうするかで、目標達成も人生も結果が変わる

09 反省から内省へ

反省なら猿でもできるなんてテレビＣＭがその昔ありましたが、私たちは油断するとすぐに反省してしまいます。

ところが多くのケースにおいて、それはできなかった理由、できなかった言い訳に終始するため、前に進むための行動にならないことがほとんどです。

あなたが上司なら、無意識に部下に反省を求めていないでしょうか。

「なんでできなかったんだ？」と質問することで。

そうするとどうなるか？

部下も言い訳に終始します。そして最後に「次からは気をつけます」「もっと頑張ります」なんてお茶を濁してその場を逃れることばかり考えてしまう。

こんなようでは目標を達成するには程遠い状況です。

反省はほどほどに。反省だけにとどまることなく、内省しましょう。

できなかったことを反省するだけではなく、できたことを顧みて、前に進むための強化策やさらなる改善策を打ち出し、前向きなエネルギーに変換するのです。

そのために必要なことは、

・できたことを記録する（D）

小さなできたことでOK。「できなかった」というのは解釈論にすぎません。仕事の大きな塊だけを見て「できなかった」と解釈して終わらせることはやめましょう。

仕事はプロセスとタスクの組み合わせですから、実際にやってみたことを細かなプロセスに分解してみると、「できたこと」は必ず見つかるはずです。

「なんだ、ここまではできていたんだ。この先の先でつまずいたんだ」――そんなできたことを見つけ出してください。

そうしたら次は、

・できたという事実に対して、できた理由を記録する（C）

そして最後に、

・「次はもっとこうしよう！」と強化策、改善策を打ち出す（A）

そうすることで前に進んでいくのです。

そうやって試行錯誤しながら、1つずつできることを増やしていけばいいのですから。

POINT

・反省するくらいなら、内省して次に活かす

10 努力直線と成長曲線

あなたが行動したから結果が出るわけです。

ですから、結果そのものをコントロールすることはできません。

私たちができることは、結果をもたらす原因をコントロールすることだけです。

原因をコントロールするとはどういうことか?

それはすなわち、計画して(P)、行動した結果、実績を踏まえて(D)、それがうまくいった・いかなかった原因がなんなのかを考えて気づきを得て(C)、原因を改善する打ち手を繰り出すこと(A)です。

原因を変えるためには、とにかくまずは実践して、気づきを得る必要があります。

そのためにPDCAを回すといっても過言ではありません。

今のあなたは「結果」で、明日のあなたもまた「結果」。

理想の未来のあなたに近づくためのバロメーターにすぎません。

たとえば、株式投資して、毎日の株価を見て一喜一憂するのではなく、私たちが取り組むことができるのは、あくまで「今はこういう結果である」という事実を淡々と踏まえて、目標とのギャップを埋めることだけなのです。

ですが、結果を見てすぐに反応して「判断」してしまいがちです。

できなかった、よかった、悪かった、酷かった、なんていう解釈です。

けれど、そんな解釈は不要です。事実だけ淡々と見つめてギャップを埋めていく。努力を積み重ねていくことで成長はついてくるのですから。

成長曲線理論をご存じでしょうか？

「努力した時間と成長という結果は比例しない」という曲線グラフを目にしたことがあるかと思います。

時間の経過につれ成長曲線は急上昇するのですが、忘れてはならないことがあります。

それは時間だけが経過するのではなく、その間、努力を続けている必要があるとい

うことです。

そこに「努力直線」というもう1本の直線グラフを重ね合わせることで、努力と成長の関係の本質が見えてきます。

努力しているのに成果が出ないのは、**失敗ではなく成長の伸び代**だと考えてみてください。

努力を積み重ねた先に結果はついてきます。そのために試行錯誤を繰り返すのです。ぜひとも、あなたの目標達成に向けて日々のPDCAを回していきましょう。

POINT

・努力を続けた人にブレイクスルーは訪れる

11 目標達成の最強の武器は自信

よく「根拠のない自信を持て」と言われます。

かつての私は、「根拠も自信もないんだから、持ちようがないだろ!」と思っていました。

その頃の私は、自信は他人との比較で得られるものだと思っていたのです。

でも今は、自信は自分がつくることができるし、むしろ自分でしかつくれないと考えています。

その鍵は「自己肯定感」です。

自己肯定感を持てれば、「自信がある」とか「自信がない」なんてことをそもそも考えることがなくなります。

自己肯定感がないから、他者から肯定してもらいたいとか、他者に勝っているといった他人軸でしか自分を捉えることができずに、いつも自信を得ようと怯えていたのだなと、今ではわかります。

自己肯定感は、目の前のことにフォーカスして、今やっていることを記録に残して、その事実をこの目で見るだけで手に入ります。

結果や成果だけではなく、今のプロセスに着目することです。

「行動」したという実績を、もし記録せずに記憶に頼っていたら？

おそらく曖昧なままで確固たる自信が持てません。

しかし、毎日のノートに記録することで、目で見て認識することができると、それははっきりとした事実となります。

そもそも、自信がないというのはほとんどの場合において、単なる妄想で頭の中だけで悶々と考えている状態。

人からどう思われているかとか、失敗してダメなやつと思われるのではないかとか、失うことや失敗すること、傷つくことなどへの恐れで頭の中がいっぱいの状態。

ほかにも、終わってしまった過去の失敗をくよくよ引きずったり、起きてもいない未来の妄想に思い悩んだりしている状態。

つまり、**心ここに在らずで、「今」にフォーカスできていないことが原因**なのです。

心ここに在らずですから、日々流されてしまい、今どころか自分そのものにフォーカスできていません。

最近のトレンドであるマインドフルネスが人気の理由もまさに「今」にフォーカスすることができるからですね。

「今」にフォーカスすることは、妄想してあちこちエネルギーが分散していた状態から、自分にエネルギーを注ぎ込む状態、時間をつくることです。


では、どうすればいいでしょうか？

1つの答えがＰＤＣＡノートを書くということです。

「今」にフォーカスし、自分と向き合い、自分にエネルギーを注ぎ込む時間こそが、ＰＤＣＡノートを書くという時間を過ごすことです。


今日をどう過ごすのか、今から何をするのかを明確にして、今からやることが理想の未来につながることだと実感する。

ノートに「今」を書き残し、「今」やったことから気づきを得て、「今」やったことから一歩前進する策を練る。

そうやって、いつでも「今」にフォーカスできる仕組みがあるのがPDCAノートなのです！

POINT

・根拠のない自信も自己肯定感もノートを書き続けるだけで手に入る

おわりに

今は「ない」。だから、手に入れる

おカネがない。
時間がない。
スキルがない。
勇気がない。
今じゃない。

だから、できない理由にして、今に踏みとどまるのか？
今は「ない」。だから、行動する理由にして、未来を手に入れるのか？

同じ「ない」でも、どんな視点で見るのかによって、結果は変わってきます。

理想の未来から見れば、今は足りないのが当たり前。

だから今持っている武器で戦って、レベルアップしていくしかありません。

理想の未来を手に入れることができるのは、「今」行動を始めた人だけなのです。


ロールプレイングゲームの「ドラクエ」の勇者をご存じでしょうか？

経験がなくても戦う前から「勇者」なのです。「勇者レベル1」なのです。

「いやー、俺まだ戦った経験がないから勇者じゃないしさ」なんて言いません。

自分を定義するのは自分でしかないのです。

フィールドに出ないとモンスターとは戦えないのです。だから、さっさとスライム相手に経験を積めばいい。それしかできることはありません。

そんな小さな一歩を積み重ねていくことで徐々にレベルが上がっていき、理想の未来に近づいていくのです。

私たちの日常でいえば、まず、目標を設定したら、「自分を何かのレベル1だ」と定義するのです。

目標達成に向け、日々の実践から学んで、頭の中をアップデートしていきながら、実践して試行錯誤を繰り返す。そんな実践を積み重ねることでレベルアップしていくのです。

そして、どこかで行き詰まることも出てきます。

高い壁に突き当たるでしょう。

それは現状維持をよしとせず、挑戦した者だけが出合う成長のチャンスです。

そのときは、1人で悩んで立ち止まることなく、必要な人に出会いに行きましょう。理想の未来を手にしているロールモデルや同志に出会うのです。

そうすることで、あなたが今まで持っていなかった新しい視点を手に入れ、視野を広げることができます。それをきっかけにブレイクスルーできたら、次のステージに進んでバージョンアップ。人生はこの繰り返しだと考えています。

そうやって成長していくのです。

学んだのに、行動できない不都合な真実とは？

でも、そうやって、やり方や理屈はたくさん学んだはずなのに、ほとんどの方は実践しないのです。始めないのです。作家の中谷彰宏さんのある有名な言葉に出合った時、私は頭をガツンと殴られた気持ちになりました。その言葉とは、

「したい人、1000人。始める人、100人。続ける人、1人」

したい人がたくさんいるのに、始める人は100人に1人。続ける人はさらに100人に1人。

でも、そんなことがあっていいはずがないのです。誰もが成果を出して、理想の未来を切り拓いていってもらいたい、みんなで豊かになりたいと私は考えています。

それでも、行動する、実践することが必要だとわかっているのに実践できないのには理由があると私は考えています。

それは、その学び、その計画を、日々実践するための仕組みがないからではないか、ということです。

学んだら実践する。言い換えると、自己投資したら自己運用しないといけないのです。

その目標を達成することは、他人（ひと）ごとではなく、自分ごとなのですから、誰でもなくあなた自身が自己運用する必要があります。

ですが、多くの方はそのための運用する仕組み、フレームを用意していないまま闇雲に走り出したり、走り出せないまま立ち止まったりしているのが現状ではないでしょうか？

目標達成のノウハウ・技術に関する学びは、世界的に有名な書籍・セミナーから本書に至るまで、それこそ星の数ほどあるわけです。

私も本書を執筆するにあたり、私がこれまで学び・実践してきたことを改めて振り返ってみました。それらの素晴らしいノウハウや知識や技術に改めて感銘を受けました。興奮さえ覚える書籍もあります。

しかし、私がこれまで目標達成においてうまくいかなかったときと、うまくいったときの違いがなんだったのかを振り返ってみると、それらの素晴らしい考え方やノウハウはわかったけど、「どうやって実践していくのか」という、運用するフレームが見当たらない場合、複雑な運用方法になっている場合には、うまくいっていないなということに気づきました。

そして、前書『自分を劇的に成長させる！ＰＤＣＡノート』でもそうであったように、知識としてわかったことと、毎日の実践として使えて、できるようになっていく、という溝を「ノート」という誰でも使える道具を通じて埋めることが本書の役割だと考えています。

目標設定に関するノウハウ・技術的なページはバイブルとして繰り返し読んで使ってください。

もちろん、本書以外のあなたのこれまでの学びも存分に活かしていただきながら、1冊のノートを使い、いくつかのシンプルなフレームを使うことで、あなたの毎日の行動を変えていく、そんな具体的な仕組みを手にしていただけると確信しています。

今日行動しない人は明日も行動しない

さて、知識も仕組みも手に入れたあなた。
人生を前に進めようと思ったら、自分起点で「今」できることを、とっととやってみる、行動することに尽きます。

〝今日行動しないやつぁは明日も何も行動しない〟

誰の言葉なのかわからないのですが、私のノートに記録されています。
準備に時間をかけて完璧にするより、方向性が決まれば、まず手をつけてみる。
「今」できることを、「今」少しでいいからやってみる。これが大切なのです。

「これからの目標考えないとなー」
「自分に大切なことはなにかなー」

「さて、今年はどうしようかなー」

こんなことを思っている、考えている、というのは行動ではありません。

思考したら、試行するのです。

現実を動かすのは行動のみです。

行動といっても大げさなことではなくてかまいません。

正解なんてわからない。だから試行錯誤するのです。

ですから、安心して小さな一歩をすぐに始めましょう。

- ノートを1冊用意する
- ノートを買うという予定を入れる
- ノートをオンラインショップで購入する
- すでにノートがあれば、表紙に目標内容のタイトルを書く
- すでにノートがあれば、やりたいことリストを1つ書いてみる

たとえばこんな一歩でいいのです。

とにかく何かが始まった、タネを植えた、一歩踏み出した、そんな事実を手にしてください。とにかく、0から1になったらしめたもの。あとは広げていくだけです。

勇気なんていらなかったでしょ？

自信も必要ないですよね？

大切なことは、まずは一歩、「今」行動することだけです。そうやって、自ら行動し始める人で、これからはいきましょう！　ぜひとも！

岡村拓朗

２０１７年12月

【Ｇｏａｌ達成！ＰＤＣＡ実践グループのご案内】

Ｇｏａｌ達成したい！　そのためのＰＤＣＡを回していきたい！　でも、１人だとなかなか続かない。自分のペースで進めたい。そんなあなたの目標達成のために、ＰＤＣＡノートメソッドを活用して、１人ひとりが毎日のＰＤＣＡを回して、目標達成に向けて実践を重ねていくオンライングループをご用意しています。ご興味ある方はチェックしてみてください。

「Ｇｏａｌ達成！ＰＤＣＡ実践グループ」
https://www.facebook.com/groups/157910841442166/

※ 2017年12月時点での情報となります。何らかの事情でグループが終了している可能性もございますのでその場合はご了承ください。

参考文献

『いまやろうと思ってたのに…』（光文社）リタ・エメット
『ユダヤ人大富豪の教え 幸せな金持ちになる17の秘訣』（大和書房）本田健
『すべての仕事を紙1枚にまとめてしまう整理術』（クロスメディア・パブリッシング）高橋政史
『100のスキルよりたった1つの考え方で仕事が変わる』（クロスメディア・パブリッシング）高橋政史
『スタンフォードの自分を変える教室』（大和書房）ケリー・マクゴニガル
『変化を生み出すモチベーション・マネジメント 6つのマジックで思考と行動が変わる』（PHPビジネス新書）小笹芳央
『すぐやる！ 「行動力」を高める〝科学的な〟方法』（文響社）菅原洋平
『7つの習慣』（キングベアー出版）スティーブン・R・コヴィー
『うまくいきそうでいかない理由』（フォレスト出版）佐藤由美子
『失敗の科学』（ディスカヴァー・トゥエンティワン）マシュー・サイド・著 有枝春・訳
『これだけ！KPT』（すばる舎）天野勝
『人生を変える習慣のつくり方』（文響社）グレッチェン・ルービン・著 花塚恵・訳

【著者プロフィール】
岡村拓朗（オカムラタクロー）

外資系企業マネージャー職でもあり、社外では「あなたの時間を創り出す時短の仕組み化コンサルタント」としても活動中のハイブリッドサラリーマン。

1972年生まれ。福岡県福岡市出身。
1995年大学卒業後、コンビニエンスストアチェーン本部へ入社。地方営業所勤務時代に現場で使われていた「仮説検証サイクル」からPDCA思考を叩き込まれる。本社販促部門への異動後は、業務改革プロジェクトでは20代で最年少リーダーに抜擢。全社レベルでPDCAを回していく販促の仕組みづくりに携わる。

2003年外資系ヘルスケア企業へ転職し、過労死ラインと呼ばれる月間残業80時間を超えた100時間以上の仕事漬けの毎日を送り、体重も10キロ以上激太りしてしまうが、PDCAノートをはじめとした独自の仕組み化のメソッドを使うことで業務効率化を実現し、年収2.4倍、残業ゼロ、13キロのダイエットを達成。仕事の成果の一例としては、キャンペーン実施回数を28倍に増やしながら、実施までの時間は5分の1、コストは3分の1で1億円を削減した革新的な販促システムの開発などがある。時短を実現するための仕組みづくりが得意分野。

2015年より会社公認で副業活動を開始。「仕事5倍速！実践会」を主宰し、PDCAノートの活用術をはじめとして、時間を創り出し、仕事の成果を出すためのコンサルティングと、人生の質を向上させるためのコーチングを組み合わせた「あなたの時間を創り出す時短の仕組み化コンサルタント」として積極的に活動している。
著書に『自分を劇的に成長させる！ PDCAノート』（フォレスト出版）がある。

［ブログ］http://okamura-takuro.com/

最短で目標を達成する！ＰＤＣＡノート

2018年2月3日　初版発行
2018年2月20日　3刷発行

著　者　岡村拓朗
発行者　太田　宏
発行所　フォレスト出版株式会社
〒162-0824 東京都新宿区揚場町2-18　白宝ビル5F
電話　03-5229-5750（営業）
03-5229-5757（編集）
URL　http://www.forestpub.co.jp

印刷・製本　日経印刷株式会社

ISBN978-4-89451-789-9　Printed in Japan
乱丁・落丁本はお取り替えいたします。